**"ධම්මෝ හි වාසෙට්ඨා, සෙට්ඨෝ ජනේතස්මිං
දිට්ඨේ චේව ධම්මේ, අභිසම්පරායේ ච."**

වාසෙට්ඨයෙනි, මෙලොවෙහි ත්, පරලොවෙහි ත්
ජනයා අතර ධර්මය ම ශ්‍රේෂ්ඨ වෙයි !

- අග්ගඤ්ඤ සූත්‍රය - භාගපවත් බුදුරජාණන් වහන්සේ

නුවණ වැඩෙන බෝසත් කථා - 46
ජාතක පොත් වහන්සේ

(ද්වාදසක නිපාතය)

පූජ්‍ය කිරිබත්ගොඩ ඤාණානන්ද ස්වාමීන් වහන්සේ

© සියලුම හිමිකම් ඇවිරිණි.

ISBN : 978-624-5524-12-9

මුද්‍රණය	:	ශ්‍රී බු.ව. 2565 මැදින් මස (2022 මාර්තු)
සම්පාදනය	:	මහමෙව්නාව භාවනා අසපුව වඩුවාව, යටිගල්ඔළුව, පොල්ගහවෙල. දුර : 037 2244602 info@mahamevnawa.lk | www.mahamevnawa.lk
ප්‍රකාශනය	:	මහාමේඝ ප්‍රකාශකයෝ වඩුවාව, යටිගල්ඔළුව, පොල්ගහවෙල. දුර : 037 2053300, 076 8255703, 070 511 7 511 info@mahamegha.store | www.mahamegha.store
මුද්‍රණාලය	:	ලීඩ්ස් ග්‍රැෆික්ස් (පුද්.) සමාගම, අංක 356 E, පන්නිපිටිය පාර, තලවතුගොඩ. ටෙලි: 011-4301616 / 0112-796151

නුවණ වැඩෙන බෝසත් කථා - 46

ජාතක පොත් වහන්සේ

(ද්වාදසක නිපාතය)

සරල සිංහල පරිවර්තනය

පූජ්‍ය කිරිබත්ගොඩ ඤාණානන්ද ස්වාමීන් වහන්සේ

මහාමේඝ
MAHAMEGHA
වියැලී මියැදෙන්නට පෙර - ඔබ සෙමා සුරකිනු පිණිස

ප්‍රකාශනයකි

පෙරවදන

ජාතක පොත් වහන්සේ ඔබ කියවලා ඇති. කුඩා අවධියේත්, පාසලේදීත්, සරසවියේත්, පන්සලේ බණ මඩුවේත්, වෙසක් නාඩගමේත් අපි ජාතක කථා රස වින්දෙමු. නමුත් එහි සැබෑ අරුත කුමක් දැයි තේරුම් ගන්නට අප සමත් වූ වගක් නම් නොපෙනේ.

'නුවණ වැඩෙන බෝසත් කථා' නමින් ඒ ජාතක කථා ඔබේම භාෂාවෙන් ඔබට කියවන්නට ලැබෙන්නේ එයින් ඉස්මතු වන අරුතත් සමඟිනි. මෙහි අරුත් දැන එම කථාවත් මතක තබා ගෙන සත්පුරුෂ ගුණධර්ම දියුණු කර ගන්නට මහන්සි ගන්නේ නම් එය ජාතක කථාවෙන් ඔබට ලැබෙන සැබෑම ප්‍රතිඵලයයි.

හැම දෙනාටම තෙරුවන් සරණයි!

මෙයට,
ගෞතම බුදු සසුන තුළ මෙත් සිතින්,
පූජ්‍ය කිරිබත්ගොඩ ඥාණානන්ද ස්වාමීන් වහන්සේ
ශ්‍රී බුද්ධ වර්ෂ 2560 ක් වූ වෙසක් මස 31 දා

මහමෙව්නාව භාවනා අසපුව
වඩුවාව, යටිගල්ඔළුව,
පොල්ගහවෙල.

පටුන

46. ද්වාදසක නිපාතය

01. චුල්ල කුණාල ජාතකය 9
02. භද්දසාල ජාතකය 10
03. සමුද්දවාණිජ ජාතකය 41
04. කාම ජාතකය 55
05. ජනසන්ධ ජාතකය 73
06. මහාකණ්හ ජාතකය 81
07. කෝසිය ජාතකය 93
08. සුධාභෝජන ජාතකය 93
09. මහාපදුම ජාතකය 94
10. මිත්තාමිත්ත ජාතකය 113

නමෝ තස්ස භගවතෝ අරහතෝ සම්මාසම්බුද්ධස්ස
ඒ භාග්‍යවත් අර්හත් සම්මා සම්බුදුරජාණන් වහන්සේට නමස්කාර වේවා!

01. චුල්ල කුණාල ජාතකය

මෙම ජාතක කථාව කුණාල ජාතකයෙහි එන්නේය.

02. භද්දසාල ජාතකය
භද්දසාල රුක් දෙවියාගේ කතාව

පින්වතුනේ, පින්වත් දරුවනේ,

තමන්ගේ ඥාතීන් වූ කිඹුල්වත්පුර ශාක්‍ය වංශිකයන් කෙරෙහි අනුකම්පාවෙන්, හිත සුව පිණිස කටයුතු කිරීම අප භාග්‍යවතුන් වහන්සේ තුළ දකින්ට ලැබී තිබුණු සුවිශේෂ දෙයකි. සිය ඥාතීන් කෙරෙහි අනුකම්පාවෙන් කටයුතු කිරීමට කියන්නේ 'ඥාතත්ථචරියාව' කියා ය. මෙය ඒ පිළිබඳ කථාවකි.

ඒ දිනවල අපගේ භාග්‍යවතුන් වහන්සේ වැඩවාසය කොට වදාළේ සැවැත් නුවර ජේතවනයේ. ඒ කාලයේ සැවැත් නුවර අනේපිඬු මහසිටාණන් සිටු මැදුරෙහි වෙනම දානශාලාවක් තනවා එහි පන්සියයක් භික්ෂූන් වහන්සේලාට දිනපතා දන්පැන් පූජා කරගත්තා. විශාඛා මහෝපාසිකාවගේ සිටුමැදුරේත් පන්සියයක් භික්ෂූන්ට නිති දන්පැන් දුන්නා.

තමාත් නිතිපතා භික්ෂූන්ට දන්පැන් පූජා කරගන්ට ඕනෑ ය කියා කොසොල් මහරජතුමාටත් සිතුණා. එසේ සිතා රජමැදුරේ ම පසෙකින් දන්හලක් පිළියෙල කරවා පන්සියයක් භික්ෂූන්ට අසුන් පනවා, නොයෙක් ප්‍රණීත

බොජුන් පිළියෙල කරවා භාග්‍යවතුන් වහන්සේට ඒ වග සැලකොට සිටියා. භික්ෂූන් වහන්සේලා දන්නා හඳුනන, විශ්වාස කටයුතු, කුළුපග දායක කවුරුත් ඒ දන්පොළේ හිටියේ නෑ. එනිසා උන්වහන්සේලා රාජ නිවෙස්නට වැඩමකොට දන් පිළිගෙන, එහි වැඩහිඳ නොවළඳා සංඝයා කෙරෙහි ඉතා හිතවත් ව සිටින අනේපිඬු සිටාණන් හෝ විශාඛා උපාසිකා හෝ එවැනි කුළුපග දායක නිවසක් වෙත ගොස් දන් වළඳිනවා.

දිනක් රජතුමාට ලැබුණු තෑගි බෝග භික්ෂූන්ටත් දෙන්ට කැමැත්තක් ඇතිවුණා. සේවකයෙකුට කතාකොට 'මේවා ගොහින් සංඝයාට පූජා කරපං' කියා කීවා. 'දේවයන් වහන්ස, දන්හලේ සංඝයා දන් වළඳින්නේ නැහැ නොවැ.'

"හෝ... ඒ මොකෝ? සංඝයා මාලිගාවට වඩිනවා මං දැක්කා නොවැ."

"එහෙමයි දේවයන් වහන්ස, නමුත් උන්නාන්සේලා දන් පිළිගන්නවා විතරයි. එහි වළඳින්නේ නෑ. දන් පිළිගෙන පිටතට වඩිනවා."

"ඒ කියන්නේ අපගේ තෙරුන්නාන්සේලා දන් පිළිගෙන වෙන කොයිබවත් ගොහින් ද වළඳින්නේ? ඇයි දන්පොළේ අසුන් පිළියෙල කරවා තියෙනවා නොවැ."

"එහෙමයි දේවයෙනි, නමුත් ඒ තෙරුන්නාන්සේලා තම තමුන්ට ළෙංගතු විශ්වාසවන්ත තැන්වලට ගොහින් වළඳිනවා කියලයි අපි දන්නේ."

"ඕ... ඒකත් එහෙමද?" කියා කොසොල් රජ කල්පනාවට වැටුණා. පසුවදා හීලට රාජභෝජන වළඳා භාග්‍යවතුන් වහන්සේ බැහැදකින්ට ගියා. ගොහින් භාග්‍යවතුන් වහන්සේට වන්දනා කොට එකත්පස් ව හිඳ මෙය ඇසුවා.

"ස්වාමීනී භාග්‍යවතුන් වහන්ස, අප කන බොන දේ ආහාර පානාදිය තියෙන්නේ කුමක් උතුම් කොට ද?"

"මහරජ, ලොව කවුරුත් කන බොන ආහාරපානාදිය තියෙන්නේ විශ්වාසය ම උතුම් කොට යි. විශ්වාසවන්ත උදවිය පිළියෙල කොට දෙන කැඳ ටික පවා මධුර රසයෙන් යුක්තයි. බියක් නැතිව වළඳින්ට පුළුවනි."

"අනේ ස්වාමීනී, අපගේ මේ තෙරුන්නාන්සේලා විශ්වාසයෙන් කටයුතු කරන්නේ කවුරුන් සමග ද?"

"ඇයි මහරජ, ඒ භික්ෂූන්ගේ මාපිය සෝයුරු ආදී ඤාතීන් ඉන්නවා. ඒ වගේ ම සේඛ සම්මත, මගඵලලාභී දායක පවුල් ඉන්නවා. ඒ ඇත්තෝ විශ්වාසයෙන් ඉන්නේ ඒ උදවිය සමග යි."

එතකොට රජතුමා එකරුණ සිතට ගත්තා. භාග්‍යවතුන් වහන්සේට වන්දනා කොට පිටත් ව ගොස් සිතන්ට පටන් ගත්තා. 'බලාන ගියා ම භාග්‍යවතුන් වහන්සේ වදාළ කතාව හරි නොවැ. රාජ භෝජන දුන්නත් පලක් නැහැ විශ්වාසයක් නැතිනම්. සංඝයාගේ විශ්වාසය දිනාගන්ට නම් මොකාක් හෝ උපායක් කරන්ට ඕනෑ. හරි... ශාක්‍ය වංශයේ රාජකන්‍යාවක් කැඳවාගෙන

ඇවිත් ඇයට අගබිසෝ තනතුර දෙන්ට ඕනෑ. එතකොට තෙරුන්නාන්සේලා මාත් තමුන්නේ නෑයෙක් ය කියා සලකා විශ්වාසයෙන් කටයුතු කරාවි.'

මෙසේ සිතූ කෝසල නිරිඳා 'මං තමුන්නාන්සේලා සමග නෑදෑකොමක් ඇතිකරගන්ට සතුටුයි. එනිසා මගේ අන්තඃපුරයට ශාක්‍ය රාජකන්‍යාවක් එවන්ට' කියා හසුන්පත් සහිත රාජදූතයෝ ශාක්‍ය රාජධානියට පිටත් කළා.

රාජදූතයන්ගේ හස්න ඇසූ ශාක්‍ය රාජවංශිකයෝ වෙන ම රැස්වුණා. "ඕහ්... අපේ රාජ්‍යය තියෙන්නේ කෝසල මහරාජධානියට යටත් ප්‍රාදේශීය රාජ්‍යයක් වශයෙන් බව හැබෑව. එනිසා ශාක්‍ය රාජකන්‍යාවක් පිටත් නොකළොත් කෝසල රාජයා අප සමග බරපතල සතුරුකොමක් ඇතිකරගන්ට පුළුවනි. ඒ වගේ ම ශාක්‍ය රාජකන්‍යාවක් පිටත් කළොත් මෙතෙක් කල් පවත්වාගෙන ආ ශාක්‍ය රාජවංශයේ පාරිශුද්ධ බවට කිළුටක් වෙනවා." මේ අයුරින් ඔවුන් උභතෝකෝටික ගැටළුවකට මැදිහත් ව දිගින් දිගට ම සාකච්ඡා කොට මෙහෙම විසඳුමක් ගත්තා.

මහානාම ශාක්‍ය රජු නිසා නාගමුණ්ඩා නමැති දාසියගේ කුසින් උපන් කුමරියක් මාලිගයේ ඉන්නවා. ඇගේ නම වාසභඛත්තියා. ඈ ඉටි රුවක් වගේ, දකින්නවුන්ගේ මන නුවන් පැහැර ගන්නා ඉතා සොඳුරු රුවකින් යුක්තයි. දැන් ඇයට වයසත් දහසය යි. ඔවුන් ඈ ගැන කතා වුණා.

"හරි... පිය පරපුරෙන් ඇය අයිති වන්නේ ශාක්‍ය රාජවංශයට යි. මව් පරපුර රාජකීය ම වෙන්ට ඕනෑ නෑ නොවැ. ඒ නිසා අපි වාසභඛත්තියා රාජකන්‍යාව පිටත් කරමු" කියා යෝජනා වුණා. සියලු ශාක්‍යයෝ ඒ අදහස අනුමත කළා.

කෝසල රාජදූතයන් කැඳවා ඔවුන් මෙය කීවා. "දූතයනි, අපගේ කෝසල නිරිඳාණන්ගේ අදහසට ම ගැලපෙන ඉතා රූබර රාජකන්‍යාවක් අපි තේරුවා. අද ම වුණත් කැඳවාගෙන යන්ට පුළුවනි."

එතකොට රාජදූතයෝ රහසේ කතා වුණා. "සගයෙනි, ශාක්‍ය වංශිකයෝ කියන්නේ දඹදිව අති උතුම් ම වංශය නොවැ. එනිසා මුන්දැලා මහා මාන්නයකින් යුක්තයි. කුල වංශයට ගැලපෙන කුමරියක් ය කියා නොගැලපෙන කුමාරිකාවක් වුණත් දෙන්ට බැරි නෑ. එනිසා මුන්දැලා සමග එකට අසුන් ගෙන බොජුන් වළඳින කුමාරියක් පමණක් ම කැඳවාගෙන යන්ට ඕනෑ" යි කතිකා කරගත් ඔවුන් ශාක්‍යයන් අමතා මෙය කීවා.

"පින්වත් රාජපුත්‍රයනි, තමුන්නාන්සේලාගේ යෝජනාවට අපි මනාපයි. නමුත් එක් කොන්දේසියක් තියෙනවා. ඒ මත තමයි අපි රාජකුමාරිව කැඳවාගෙන යන්ට සතුටු. තමුන්නාන්සේලා ඒ රාජකන්‍යාව සමග එකට බොජුන් වළඳින අයුරු අපට බලන්ට අවසර ඕනෑ. ඊට පස්සේ අපි ඈ කැඳවාගෙන යඤ්ඤං."

"හෝ... ඒකට මක් වෙනවද?" කියා ඔවුන්ව නවාතැනට පිටත් කරවා ආයෙමත් රැස්වුණා. "හපොයි...

හරි වැඩේ නොවැ. දැන් අපි කොහොමෙයි මේ ප්‍රශ්නය විසඳා ගන්නේ?" කියා මහානාම රජු මුණගැසී මෙය විසඳගන්නා ආකාරය විමසා සිටියා.

මහානාම රජ මෙය කීවා. "නෑ... නුඹලා ඒ ගැන ගැඹුරට සිතන්ට කාරි නෑ. මං උපායක් කියන්නම්. මං රාජභෝජන වළඳින වෙලාවට අලංකාර ව සරසන ලද අපේ වාසභඛත්තියාව මා අසළින් ම වාඩිකරවන්ට ඕනෑ. වාඩිකරවා හිට මහරන්තැටියේ බත්වලට අත තබා අනුභව කරන අයුරක් දක්වන්ටත් ඕනෑ. ඒ වෙලාවට රාජදූතයන්ට පෙනෙන්ට සලස්වාපං.

එතකොට ම නුඹලා ඇවිත් 'දේවයෙනි, අසවල් රජ්ජුරුවෝ අපට හස්නක් එවා තියේ ය, එය කියවන්ට අවසර!' කියා ඒ හස්න කියවාපං. එච්චරයි." ශාක්‍ය රාජකුමාරවරු ඒ අදහසට කැමති වුණා.

එදා ආහාර අනුභවය පිණිස මහානාම ශාක්‍ය රජු පලසේ වාඩිවුණා. "කෝ... අපගේ දියණී...? මා සමග බොජුන් අනුභවයට කැඳවාගෙන එව්." එතකොට ස්වල්ප වේලාවක් ප්‍රමාද කොට අලංකාර ව සරසන ලද වාසභඛත්තියා ව එතැනට කැඳවාගෙන ආවා. ඇය පියාණන් සමග බොජුන් වළඳින්නෙමි යි මහරන්තැටියට අත තැබුවා. ඇය අත තබන්ට පෙර රන් තැටියෙන් ගත් බත්පිඩක් මහානාම රජුගේ මුඛයේ තිබුණා. දෙවැනි බත්පිඩ ගන්නා අයුරින් දකුණු අත තැටිය දෙසට දිගු කරද්දී ම "දේවයන් වහන්ස, අපගේ කෝසල මහනිරිඳා හසුනක් එවා තියේ ය" කියා හස්න ඉදිරිපත් කළා.

"දියණී, එහෙනම් අනුභව කරන්ට" කියා දකුණු අත රන් තැටියේ තබාගෙන ම වමතින් හසුන ගෙන කියවන අතරේ වාසභඛත්තියා බොජුන් අනුභව කළා. ඇය අනුභව කරද්දී මහානාම රජ අතත් මුඛයත් සෝදාගත්තා. ඒ දෙස බලා සිටි කෝසල රාජදූතයෝ 'හරි... මේ කුමරිය නම් මහානාම ශාක්‍ය රජුගේ දුහිතෘ රාජකන්‍යාවක් ම යි' කියා නිසැක බවට පත්වුණා. ඔවුන්ට කිසිම වෙනසක් අල්ලාගන්ට බැරිවුණා.

මහානාම ශාක්‍ය රජ උත්සවශ්‍රීයෙන් යුතුව වාසභඛත්තියා කෝසල රාජධානියට පිටත් කෙරෙව්වා. රාජදූතයෝත් ඇය කැඳවාගෙන සැවැත් නුවරට ගොස් කොසොල් නිරිඳුන් බැහැදැක "දේවයන් වහන්ස, මේ රාජකන්‍යාව වංශයෙන් ඉතා ශ්‍රේෂ්ඨයි. මහානාම ශාක්‍ය රාජයාගේ දියණී තොමෝ ය." කියා සැලකොට සිටියා.

කොසොල් මහරජුටත් ඉතා සතුටුයි. මුළු සැවැත් නුවර ම අලංකාර කරවා රන් රුවන් රැසක් මත ඈ සිටුවා අගමෙහෙසී තනතුරේ අභිෂේක කෙරෙව්වා. රජතුමාට ඇයව ඉතා ප්‍රිය මනාපයි. නොබෝ කලකින් ඈ ගැබ් ගත්තා. ඉතාමත් අලංකාර රූ ඇති පුත්කුමරෙකු බිහිකළා.

සිඟිති කුමාරයාට නම් තබන දවසේ 'ශාක්‍ය රාජදියණිය වූ වාසභඛත්තියා පුත් කුමරෙකු බිහිකළා. කුමරුට නමක් තබන්ට' කියා මිත්තණී රාජදේවිය වෙත ඇමතියෙකු අත හස්නක් පිටත් කළා. ඒ ඇමතියාගේ කන් ඇසීමේ දෝෂයක් තියෙනවා. හස්න ඇසූ මිත්තණී දේවී "හොහ්... හෝ... එහෙනම් වාසභඛත්තියා පුත් කුමරෙකු වදා සියලු අන්තඃපුරාංගනාවන් මැඬගෙන ගියා නොවැ

ඒ...! හරි අගෙයි. දැන් ඈ අතිශය රාජවල්ලභ වූ, රජුට ප්‍රිය මනාප එකියක් වේවි.” යි කීවා.

කන් ඇසීමේ දෝෂයෙන් යුතු ඇමතියාට වල්ලභ යන වචනය ඇසුණේ නුහුරටයි. ‘ඕ... එහෙනම් සිඟිති කුමාරයාට ‘විඩූඩභ’ කියා අමුතු ම නමක් දමන්ට කීවා ඒ...!’ යි සිතාගත්තා. රජු වෙත ගොස් “දේවයෙනි, මිත්තණී රාජදේවී කුමාරයාට විඩූඩභ යන නම තබන්ට කීවා” යි සැලකළා.

“ම්... ඒක නම් අමුතු ම නමක් නොවැ. බාගදා අපගේ පැරණි කුල පරම්පරාවෙන් ආ නමක් වෙන්ට ඇත” කියා රජතුමා කුමාරයාට විඩූඩභ යන නම තැබුවා.

විඩූඩභ කුමාරයා සියලු යස ඉසුරු මැද සුවසේ වැඩුණා. රජ මාලිගාවේ අන්‍ය කුමාරවරුන්ට මුත්තාගෙන්, මිත්තණියගෙන්, නෑදෑයන්ගෙන් ඇත්, අස් රූප ආදී සෙල්ලම් බඩු ලැබෙනවා. එතකොට විඩූඩභ සිය මව වෙත ගොහින් මෙය අසනවා. “මෑණියනි... අර බලන්ට. අර අනිත් ළමෝ එයාලාගේ මව්පියන්ගේ නිවෙස්වලින් කෙළිබඩු තෑගි ලබනවා. කිම මෑණියනි, ඔයැයිගේ මාපියන් වෙතින් මට තෑගි එවන්නේ නැතෙයි?”

“ඇයි මයෙ පුතා නොදන්නවා යැ. ඔයාගේ මුත්තා රජතුමා, මිත්තණී රාජදේවී ශාක්‍ය වංශයේ නොවැ. ගඟින් එතෙර ගොඩාක් ඈත හිමවත් කඳු පාමුල නොවැ එයාල ඉන්නේ. ඉතින් මෙතරම් දුරක් ඔයාට සෙල්ලම් බඩු එවන්ට ඇහැක? ඒකට කමෙක් නෑ. මං ඔයාට ලාස්සන සෙල්ලම් බඩු ගෙනැවිත් දෙන්නම්” කියා රවටනවා.

විඩූඩභ සොළොස් වියැති මහා බලවත් යොවුන් කුමාරයෙක් බවට පත්වුණා. "මැණියනි, මෙවර මයෙ අදහස ශාක්‍ය රාජධානියට ගොහින් මයෙ මුත්තා රජුත්, මිත්තණී දේවිත් බැහැදැක සතුටු සාමීචියේ යෙදී එන්ටයි."

"නෑ... පුත, ඔයැයිට මේ තියෙන සැප සම්පත්, පිළිගැනීම්, බලතල, යස ඉසුරු හොඳටෝම ඇති නොවැ. අනික මාත් කැමති ඔයැයි කෝසල මාලිගයේ ඉන්න එකටයි. මයෙ පුතේ, ඔයා නොදැක මට දවසක්වත් ඉන්ට බෑ. ඒ නිසා එතරම් දුර යන්ට එපා."

තමන් කොහොමහරි ඤාතීන් බලන්ට ශාක්‍ය රාජධානියට යන්ට ඕනෑමයි කියා දිගින් දිගටම ඇවිටිලි කළා. කරගන්ට දෙයක් නැති තැන වාසභඛත්තියා නිහඬ වුණා. කුමාරයා කොසොල් මහරජුට දන්වා මහත් හරසරින් යුතුව කපිලවස්තු ශාක්‍ය රාජධානිය බලා පිටත් වුණා. ඒ ගමනට පෙර ම වාසභඛත්තියා මහානාම ශාක්‍ය රජුට කුමාරයාගේ පැමිණීම ගැන දන්වා 'රජතුමනි, මං මෙහෙ හොඳින් ඉන්නවා. අනේ ඔබවහන්සේ කුමාරයාට කිසි වෙනසක් දක්වන්ට එපා!' යි රහස් හස්නක් යැව්වා.

ශාක්‍යවරු කුමරුගේ පැමිණීම ගැන දැන මාලිගයේ සිටි වංශවත් කුඩා කුමරුන්ට තමන්ට වඩා වැඩිමල් විඩූඩභට වඳින්ට සිදුවීම වැළැක්වීම පිණිස ඉක්මනින් ඈත පළාත්වලට පිටත් කෙරෙව්වා. කුමාරයා කපිලවස්තු රාජධානියට සැපත් වුණා. ශාක්‍යවරු රාජකීය රැස්වීම් ශාලාවේ උත්සවාකාරයෙන් කුමරු පිළිගත්තා. "කුමාරයාණෙනි, මේ ඔබගේ අසවල් අසවල් ඤාතීන්

කියා හඳුන්වා දුන්නා. එතකොට කුමාරයා ඔවුන්ට වන්දනා කරමින් ගරුසරු දක්වමින් සිය පිට රිදෙන තුරු නැමී නැමී වැන්දා. "ඕහ්... මට වඳින්ට අපගේ ශාක්‍ය වංශයේ බාල කුමාරවරු කවුරුත් නැද්ද?"

"පුත... බාල කුමාරවරු ඈත ජනපදයකට ගොහින් හස්නක් යවාගන්ට පිළිවෙළක් වුණේ නෑ නොවැ. අනේ ඒකට මක් වෙනවා ද? මේ අපි ඉන්නෙ" කියා මහත් ආදර සත්කාර දැක්වුවා.

දින කීපයක් රාජ මාලිගයේ වාසය කළ විඩූඩභ මහත් උත්සවශ්‍රීයෙන් ආපසු එන්ට පිටත් වුණා. ඔවුන් සමග මඳ දුරක් ආ එක්තරා රාජපුරුෂයෙක් විඩූඩභ කුමරුට මෙය කීවා. "අනේ කුමරුනි, කමා වුව මැනව. මාගේ අසිපත සන්ථාගාරයේ පසෙක තැබුවා. මට ගන්ට අමතක වුණා. අනේ මට අවසර දෙනු මැන" කියා අවසර ගෙන වහ වහා එතැනට ගියා. එහි යන විට වාසභඛත්තියා ලද යස ඉසුරු සම්පත් ගැන ඊර්ෂ්‍යාවෙන් පෙළුණු එක් දාසියක් "හෝ... යසයි. වාසභඛත්තියා දාසියට ගිය කල. අද ඒ දාසියගේ පුත්‍රයා ඇවිත් අපගේ උත්තම වංශයේ ආසනය අපවිත්‍ර කළා නොවැ" කියා මහහඬින් අවලාද නගමින් කිරි දියරෙන් ඒ අසුන සෝදමින් සිටියා.

අමතක වූ කඩුව ගෙනයන්ට පැමිණි රාජපුරුෂයා මේ දාසිය විසින් විඩූඩභ කුමරු අරබයා කරන නින්දා අපහාස අසා සිටියා. ඔහු වහා ගොස් බලකායේ සෙබළුන්ට මෙය කීවා. "සගයෙනි, දන්නවා ද? වාසභඛත්තියා කුමරිය පාරිශුද්ධ ශාක්‍ය වංශයට අයත් රාජකන්‍යාවක් නොවේ.

ඇය මහානාම රජු නිසා දාසියකගේ කුසින් උපන් එකියක්!"

මේ කතාව ලැව්ගින්නක් සේ පැතිර ගියා. එය ඇසූ විඩූඩභ කුමාරයා කෝපාග්නියෙන් වියරු වැටුණා. ඔහුගේ දෙනෙත් රතු වුණා. ලැජ්ජාවෙන් දත්කූරු සැපුවා. "හොඳයි... මා හිඳගත් අසුන තොපි දැන් කිරි දියෙන් සෝදාපල්ලා. මං රජ වූ දවසට තොපගේ ගෙල කපා ගලන ලෙයින් ඔය අසුන සෝදන්නම් කෝ" යි දැඩිව වෛරය සිතෙහි පිහිටුවා ගත්තා. ඔවුන් සැවැත් නුවර ගිය විට ඇමතිවරු සියලු පුවත් කොසොල් රජුට සැලකළා. රජතුමාත් හොඳටම කිපුණා.

"ඕහ්... එතකොට ඔවුන් මට එවා තියෙන්නේ දාසියකගේ දුවක් ඒ?" කියා වාසභඛත්තියාටත් විඩූඩභ කුමාරයාටත් දී තිබූ සියලු රාජ්‍ය සම්මාන ගෞරව බැහැර කරවා දැසි දස්සන්ට ලැබිය යුතු දේ පමණක් ලබාදුන්නා.

රජතුමා වහා භාග්‍යවතුන් වහන්සේ බැහැදැක වන්දනා කොට එකත්පස්ව හිඳ මහත් කණස්සල්ලෙන් යුතුව මෙය කීවා. "අනේ ස්වාමීනී, නුඹවහන්සේගේ ඥාතීන් මහා බරපතල වරදක් කොළා නොවැ. මට එවා තියෙන්නේ දාසියක්. හපොයි... මුළා වූ මං ඇයට අගමෙහෙසි තනතුරත් දුන්නා. දැන් මං ඇගෙත් ඇගේ පුත්‍රයාගෙත් සියලු ගෞරව සම්මාන ඉවත් කළා. දැසි දස්සන්ට ලැබිය යුතු දේ පමණක් දෙන්ට සැලැස්සුවා."

එතකොට අපගේ භාග්‍යවතුන් වහන්සේ කෝසල නිරිඳාට මෙය වදාළා. "මහරජ, අකටයුත්තක් ම යි

ශාක්‍යයන් විසින් කර තියෙන්නේ. කැඳවාගෙන එන්ට කුමාරිකාවක් එවනවා නම් සමජාතියට අයත් කුමරියක් එවන්ට ඕනෑ නොවැ. මහරජ, ඔය වාසභඛත්තියා රාජදියණිය ක්ෂත්‍රිය රජෙකුගේ මාලිගයෙහි අභිෂේක ලත් තැනැත්තියක්. විඩූඩභත් ක්ෂත්‍රිය රජෙකුට දාව උපන් කුමාරයෙක්. මවගේ වංශය කුමක් කරන්ට ද? පියාගේ රාජවංශය ප්‍රමාණවත් නොවැ.

මහරජ, පුරාණ කාලයේ සිටිය නුවණැත්තෝ දර අදින දිළිඳු කතක් අගමෙහෙසි තනතුරෙහි අභිෂේක කළා. ඇයගේ කුසෙන් උපන් කුමරා දොළොස් යොදුන් සුවිසල් බරණැස් පුරයෙහි රජකමට පත්ව කට්ඨහාරික රාජයා නමින් ප්‍රසිද්ධ වුණා" කියා කට්ඨහාරී ජාතකය වදාළා.

ධර්මය ඇසූ රජතුමා සන්සුන් ව ප්‍රීතියට පත්වුණා. එසේ නම් මෙතැනදී පියාගේ වංශය පමණක් බැලීම සුදුසු ය යන හැඟීමෙන් සෑහීමට පත්ව වාසභඛත්තියාටත් විඩූඩභටත් ඉවත් කළ ගෞරව සම්මාන යළි ලබාදුන්නා.

කොසොල් රජ්ජුරුවන්ට බන්ධුල නමින් මහා සෙන්පතියෙක් සිටියා. ඔහුගේ බිරිඳ වන මල්ලිකා දේවියට දරුවන් හිටියේ නෑ. එතකොට බන්ධුල සේනාපති "තී වඳ එකියක්. මයෙ ළඟ ඉන්ට ඕනෑ නෑ. ආපසු මාපියන්ගේ නිවසට යන්ට" කියා ඇයව කුසිනාරාවේ සිය නිවෙස්නට පිටත් කළා. බන්ධුල මල්ලිකාත් 'එහෙනම් මං භාග්‍යවතුන් වහන්සේව බැහැදැක ම යනවා' කියා ජේතවනයට ගොස් භාග්‍යවතුන් වහන්සේට වන්දනා කොට එකත්පස්ව

සිටගත්තා. භාග්‍යවතුන් වහන්සේ ඇයගෙන් මෙය අසා වදාළා. "මල්ලිකාවෙනි, මේ කොහි යන ගමන් ද?"

"අනේ භාග්‍යවතුන් වහන්ස, මගේ සැමියා මට ආපසු මාපියන්ගේ ගෙදරට ම යන්ට කීවා නොවැ."

"ඒ මොකද එහෙම කීවේ?"

"ස්වාමීනී භාග්‍යවතුන් වහන්ස, මං දරුවන් වදන්ට පිනක් නැති වඳ එකියක් ලු."

"මල්ලිකා, කුසිනාරා ගමනින් කාරි නෑ. දැන් භය නැතුව ගොහින් බන්ධුලගේ නිවසේ ම නවතින්ට."

එතකොට ඈ ගොඩාක් සතුටු වුණා. භාග්‍යවතුන් වහන්සේට වන්දනා කොට නැවත හැරී සිය සැමියාගේ නිවසට ගියා. "ආ... මේ... මොකෝ... ආයෙමත් ආවේ?"

"ස්වාමී, මට දසබලයන් වහන්සේ වදාළා ගමට යන්ට ඕනැන්නේ නෑ, මෙහි ම නවතින්ට කියා."

"ම්... හොඳා... එහෙනම් භාග්‍යවතුන් වහන්සේ කාරණය දැක වදාළා නොවැ." වැඩිකලක් නොගොසින් මල්ලිකා දේවිය ගැබිනියක් වුණා. ඇයට අමුතු ම දොළදුකක් උපන්නා. "අනේ ස්වාමී, මට දොළදුකක් හටගෙන තියෙනවා. මං හරීම ආසයි විසල්පුරේ ගණරාජ්‍ය මණ්ඩලයේ අභිෂේකෝත්සව කරන පොකුණට බැස හොඳින් වතුර නා පැන් බොන්ට."

"හොහ් හෝ... කමෙක් නෑ. මං ඔයැයිගේ ආශාව ඉෂ්ට කරන්නම්" කියා දහසක් පුරුෂයන්ගේ බලය ඇති

දුන්න ගෙන ඇයව රථයේ නංවාගෙන, සැවැත් නුවරින් නික්ම විසල්පුරයට පිවිසුණා.

ඒ කාලයේ කොසොල් මහරජුත් බන්ධුල සේනාපතිත් සමග එක ම ආචාර්ය කුලයේ ශිල්ප උගත් මහලී නම් ලිච්ඡවී රජෙක් විශාලා මහනුවර වාසය කළා. ඒ මහලී ලිච්ඡවී රජ අන්ධයි. එනිසා රාජද්වාරය අසල මාලිගයක වසමින් ලිච්ඡවීන්ට අර්ථයෙන් ධර්මයෙන් අනුශාසනා කළා. ඔහුට බන්ධුල සේනාපතිගේ රථයේ හඬ ඇසුණා. 'ඕ... බන්ධුල මල්ලයාගේ රිය ශබ්දය නොවැ මේ ඇසෙන්නේ. හපොයි... ලිච්ඡවීන්ට මහා අනතුරක් සිද්ධ වෙන්ට යන හැඩයි' යි කීවා.

ලිච්ඡවීන්ගේ අභිෂේක පොකුණට ඇතුළෙනුත් පිටතිනුත් තදබල ආරක්ෂාවක් තිබුණා. කුරුල්ලෙකුටවත් පොකුණට බහින්ට බැරි ලෙස උඩිනුත් ලෝහදැලක් අතුරා තිබුණා. බන්ධුල සේනාපති පොකුණ අසළට ඇවිත් රථයෙන් බැස කඩුවෙන් පහර දී ලෝහදැල පලා සින්දා. බිරිඳව පොකුණට බස්සවා ස්නානය කරවා පැන් පෙව්වා. තමාත් ස්නානය කළා. මල්ලිකා දේවිය රථයට නංවාගෙන ආ මගින් ම යන්ට පිටත් වුණා.

ආරක්ෂක භටයෝ ගොහින් ලිච්ඡවී රජදරුවන්ට මෙය සැලකළා. රජදරුවෝ හොඳටම කිපුණා. පන්සියයක් දෙනා පන්සියයක් රථයන්හි නැග 'අපි බන්ධුල මල්ලයාව අල්ලාගන්නවා' යි කෑගසමින් පිටත් වෙන්ට සූදානම් වුණා. එපුවත ඇසූ දෑස් නොපෙනෙන මහලී ලිච්ඡවී රජු මෙය කීවා. "එපා... මං කියන එක අසාපං. නුඹලා

කවුරුවත් ඔය වැඩේට යන්ට එපා. බන්ධුලයා තොප සියලු දෙනාව මරා දමාවි' යි දැඩි ලෙස කියා සිටියා. ඔවුන් එය ගණන් ගත්තේ නෑ. "හහ්... ඒවා කොහෙද? අපි නොවැ ඒකාව අල්ලාගන්නේ. අපි යනවා ම යි" කියා පිළිතුරු දුන්නා.

"එහෙනම් එකක් කියන්නම්. අසා ගනිං.... බන්ධුලයාගේ රථ රෝදය නාභිය තෙක් පොළොවේ එරෙනවා දැක්කොත් නැවතියං. එතැනින් නොනැවතී ඔහු පස්සෙන් යද්දී මහා හෙණ හඬක් වැනි ශබ්දයක් ඇසුණොත් එතැනින් ඔබ්බට නම් යන්ට එපා. හැරී වරෙං. එහෙමත් නවතින්ට බැරි නම් නුඹලාගේ රථවල රියහිසෙහි සිදුරක් දැක්කොත් එතැනින් ම හැරී වරෙං. යන්ට නම් එපා."

ඔවුන් මහලී ලිච්ඡවී රජුගේ වචනයට ඇහුම්කන් නොදී බන්ධුල සේනාපතිගේ රථය හඹා ගියා. රථයේ සිටි මල්ලිකා පිටුපසින් රිය පෙළක් එනවා දැක්කා. "අනේ ස්වාමී, රථපෙළක් අපව හඹා එනවා පේනවා."

"හරි... ඒකට කමෙක් නෑ. ඒ ඔක්කොම රථ එක පෙළට පේනකොට මට කියන්ට." මල්ලිකා දේවී ඇස්පිය නොහෙළා එදෙස බලා සිටියා. "අන්න ස්වාමී, දැන් නම් ඒ සියල්ල තනි රථයක් වගේ පේනවා. මට සිතෙන්නේ එක පේළියට පෙළගැසුණා කියලයි."

"හරි... එහෙනම් මේ රැහැන්පොට හයියෙන් අල්ලා ගන්ට." කියා ඇයගේ අතට රථ රැහැන දුන්නා. රථයේ සිටගත් බන්ධුල දුන්න නගාගත්තා. එතකොට ම රථ

රෝදය නාභිය තෙක් පොළොවේ එරුණා. ලිච්ඡවීන් එය දැක දැකත් නොනැවතී හඹා ආවා. ඊළඟට බන්ධුල සේනාපති දුනුදිය ගසා දැම්මා. මහා හෙණහඬක් වැනි ශබ්දයක් ඇසුණා. ලිච්ඡවීන්ට එය ඇසිලත් නැවතුණේ නෑ. පසුපසින් හඹා ආවා. බන්ධුල සේනාපති රථයේ සිටියේ ම එක හීයක් විද්දා. එය පන්සීයක් රියහිස් සිදුරු කොට පන්සීයක් ලිච්ඡවී රජදරුවන්ගේ සන්නාහයන් විනිවිද ගොසින් පොළොවට පිවිසුණා. තමන් හී පහරට ලක්වූ වග ඔවුන්ට තේරුණේ නෑ.

"අඩේ... බන්ධුලයා නැවතියං... අඩේ... බන්ධුලයා නැවතියං...." කියා කෑගසමින් ඔවුන් හඹා ආවා. බන්ධුල සේනාපති රථය නැවැත්තුවා. ඔවුන් දුනු ඊ අමෝරා ළඟට ආවා. එතකොට බන්ධුල මෙහෙම කීවා.

"මේ... දැන් ඔහේලා මැරිලා ඉන්නේ. මැරුණු ඇයොත් එක්ක මගේ යුද්ධයක් නෑ බොලව්."

"ඈ... මැරුණු අය කොහොමෙයි අපි වගේ වෙන්නේ?"

"එහෙනම්... ඔය පන්සියයේ අන්තිමට පිටුපසින් ආ එකාගේ සන්නාහය ගලවා බලාපං. මැරිලා ද නැද්ද කියා යසට පෙනේවි." පන්සිය වෙනියාගේ සන්නාහය ගැලවූ සැණින් මැරී වැටුණා.

"ඕං බොලව්... දැක්කද?... දැන් තොප සන්නාහය නොගලවා, තම තමන්ගේ ගෙදර ගොහින් ඉදිරියේ කළයුතු වැඩපිළිවෙළ අඹුදරුවන්ට කියා, ඊට පස්සේ

සන්නාහය ගලවාපං." එතකොට ඔවුන් නැවත හැරී ගියා. සියල්ලෝ ම ජීවිතක්ෂයට පත්වුණා.

බන්ධුල සෙන්පතියා මල්ලිකා දේවියත් රැගෙන සැවැත් නුවරට පැමිණියා. ඇය දහසය වතාවක් ම නිවුන් පුත් කුමාරවරුන් බිහි කළා. දැන් ඇ පුත්‍රයන් තිස් දෙදෙනෙකුගේ මවක්. දරුවොත් පියා වාගෙ ම යි. ශූර වීර ශක්ති සම්පන්න අය. නිසි කලවයසේදී ඔවුන් සියලු ශිල්පයන්හි දක්ෂ බවට පත්වුණා. ඒ එක් එක් පුරුෂයාට දහසක පිරිවරකුත් සිටියා. ඔවුන් පියා සමග රාජසේවයට යද්දී රජමිදුල ඔවුන්ගෙන් පිරී ගියා.

දවසක් විනිසුරු ශාලාවේ අල්ලස් ගත් විනිසුරුවෙක් දුන් නඩු තීන්දුවෙන් පරාජිත මිනිස්සු බන්ධුල සෙනෙවියා එනවා දැක මහහඬින් හඬ නගා විනිශ්චකාර ඇමතිවරු අල්ලස් ගෙන වැරදි නඩු තීන්දුවක් දුන්නා ය කියා කෑගැසුවා. එතකොට බන්ධුල සේනාපති විනිසුරු ශාලාවට ගොස් යළි නඩුව ඇස්සුවා. හිමිකරුවන්ට හිමිවිය යුතු දේ ලබාදුන්නා. මහජනයා මහහඬින් සාදුකාර දුන්නා.

ඒ හඬ ඇසූ කොසොල් රජ 'මේ ශබ්දය කුමක්ද?' කියා විමසූ විට බන්ධුල සෙන්පතියා සාධාරණ ලෙස නඩුවක් විසඳූ බව අසා ඒ සියලු විනිසුරු ඇමතිවරු ඉවත් කරවා විනිසුරු පදවිය බන්ධුලට දුන්නා. එදා පටන් හැමෝටම සාධාරණ ලෙස තීන්දු තීරණ ලැබුණා.

පැරණි විනිසුරුවන්ට අල්ලස් නොලැබී ගිය නිසා 'බන්ධුලයා රාජ්‍ය අල්ලන්ට කුමන්ත්‍රණ කරනවා' ය කියා දිගින් දිගටම කේළාම් කියා කොසොල් රජු බිඳෙව්වා.

රජතුමාත් ඔවුන්ගේ කේළාම් අසා ඒ අසත්‍ය කාරණය බැහැර කරන්ට අදක්ෂ ව හැබෑවක් ය කියා අදහාගත්තා. 'සැවැත් නුවරදී බන්ධුලයාත් දරුවනුත් මැරුවොත් අපට ම චෝදනා එන්ට පුළුවනි. එනිසා ඈත පළාතක කැරැල්ලක් නිර්මාණය කරවා ඔවුන් එහි පිටත් කරවන්ට ඕනෑ' යි සිතා පුතුන් සහිත බන්ධුල සෙන්පති කැරැල්ල සංසිඳුවීමට පිටත් කළා. පිටත් ව ගිය පසු ඔවුන්ව ඝාතනය කොට හිස් රැගෙන එන ලෙස වෙනත් මහා යෝධයින් රහසේ පිටත් කළා.

කැරැල්ල සෑදූ අය බන්ධුල සෙන්පති එන වග අසා ඒ ප්‍රදේශ හැර පළාගියා. බන්ධුල සෙන්පති එහි ගොස් සංසිඳුවා නවාතැන් ගත්තා. එතැනට නුදුරු තැනකදී රහසේ පිටත් කළ මහා යෝධයෝ බන්ධුලගේත් දෙතිස් පුත්‍රයන්ගේත් හිස් සින්දා.

එදා මල්ලිකා දේවී අපගේ අග්‍රශ්‍රාවකයන් වහන්සේලා ප්‍රමුඛ පන්සීයක් භික්ෂු සංඝයා වැඩමවා සිය නිවසේ දානයක් දෙමින් සිටියා. ඒ මොහොතේ කිසිවෙක් ඇවිත් ඇය අත හසුනක් තැබුවා. එය කියවූ ඇය කිසි වෙනසක් නොදක්වා හසුන ඉණේ ගසා සංඝයාට දන්පැන් පිදීම සතුටින් කරගෙන ගියා. එහි සිටි සේවිකාවක් සංඝයාට බත් පුදා, ගිතෙල් හැළියක් රැගෙන එද්දී ඒ ගිතෙල් බඳුන බිම වැටී බිඳී ගියා. එතැන සිටි අපගේ ධර්ම සේනාධිපති සාරිපුත්ත මහාතෙරණුවෝ 'උපාසිකාවෙනි, බිඳෙන ස්වභාවයට අයත් දෙයක් නොවැ බිඳී ගියේ. ඒ ගැන සිතන්ට කාරි නෑ' යි වදාළා.

"අනේ ස්වාමීනී, මේ ගිතෙල් බඳුන බිඳෙන එක ගැන කුමක් සිතන්ට ද? නුඹවහන්සේ වදාළේ සත්‍යයක් ම යි. මොහොතකට කලින් මගේ අතට හස්නක් ලැබුණා. මේ බලන්ට ස්වාමීනී, මගේ දෙතිස් පුතුන්ගේත් ඒ දරුවන්ගේ පියාගේත් හිස් සිඳ මරා දාලා. මට ඒ මොහොතේ ම සිතුණේ නැසෙන ස්වභාවයට අයත් දෙය නැසී යන බවත්, මැරෙන ස්වභාවයට අයත් දෙය මැරී යන බවත් පිළිබඳව භාග්‍යවතුන් වහන්සේ වදාළේ ඇත්තක් ම කියා යි." එදා සාරිපුත්තයන් වහන්සේ භුක්තානුමෝදනාවේදී ශෝක හුල දුරු කිරීම පිළිබඳ ගාථා විස්සකින් යුතු සල්ල සූත්‍රය වදාළා.

මෙහි සතුටින් දිවි ගෙවනා මිනිසුන්ට
මරණය අත වනන්නේ කොතැනදැයි
දැනගන්ට හැකි පිළිවෙළක් නම් නැත්තේ
ලැබෙන සුළු සතුටින් යුතු දිවි ගමන වෙහෙස ම ය
ඉතා දුකසේ ගෙවා ලිය යුතු

උපතක් ලැබූ කිසිවෙක් - සදා නොමැරී සිටියි නම්
එවන් කිසි උපතක් - ලොවෙහි නෑ කිසිදා දකින්ට
උපන් හැම සත්වග කෙමෙන් - වැඩී වියපත් ව
දිරා මිය යාම නම් - සදා ලෝ දහමෙකි

රැකෙහි හටගෙන - ඉදීගිය ඵලයට
උදෑසන බිම වැටෙන - බියක් පවතී ම ය
එලෙසින් ම ලොව උපන් සතහට
මරණයෙන් වන බිය - නිරතුරු ඇතේ ම ය

කුඹල්කරුවෙකු විසින් - ඔපදමා තනන ලද
මැටි බඳුන් සියල්ල ම - කවර හෝ මොහොතක

බිඳ වැටී ගිය සැණින් - නැසී වැනසී යනු ඇත
බිඳී අවසන් වන මැටි බඳුන් බඳු
මෙලොව ඉපදුන ලෝසත - මැරී අවසන් වනු ඇත

ළදරුවොත් වැඩිහිටියොත් - උගත් නූගත් කවුරුත්
අනුවණ බාල අයත් - වෙනසක් නැතිව කිසිවෙක්
මරණයට වසඟ වෙති - මරණය ම පිහිට කොට
සිටිති ලොව සියලු දෙන...

සාරිපුත්තයන් වහන්සේ වදාළ ධර්මය නිසා සියල්ලන්ගේ සිත් තුළට මහත් අස්වැසිල්ලක් ලැබුණා. බන්ධුල මල්ලිකා සිය දෙතිස් පුතුන්ගේ බිරියන් වන ලෙහෙළියන් කැඳවා "බලව් දියණියනි, තොපගේ ස්වාමිවරුන් නිරපරාදේ මැරුම් කෑවා. සංසාරයේ කරන ලද කර්මයන් නිසි කල් යල් බලා විපාක දෙනවා. එය කවුරු නම් වළකයි ද? එවැන්නක් තමයි ඔවුන්ටත් අත්වූයේ. ඒ ගැන ශෝක කරන්ට එපා. කොසොල් මහරජු ගැන සිතේ අමනාපයක් ඇතිකරගන්ට එපා!" යි ධර්මයෙන් අවවාද කළා. රජතුමාගේ චරපුරුෂයන් එය අසා ඔවුන්ගේ නිර්දෝෂී භාවය රජතුමාට දැනුම් දුන්නා. රජතුමාත් මහත් සේ කම්පාවට පත්වුණා. වහා බන්ධුල මල්ලිකාගේ නිවසට පැමිණ මල්ලිකා දේවියගෙනුත් දෙතිස් ලෙහෙළියන්ගෙනුත් සමාව ගත්තා. මල්ලිකා දේවියට වරයකුත් දුන්නා.

එතකොට ඒ වරය ගත්තා වේවා කියා පවසා රජු පිටත් වූවාට පසු මිය ගිය සියල්ලන් සිහිකොට දානයක් පුදා, ස්නානය කොට මාලිගයට ගොස් රජතුමා බැහැදැක්කා. "දේවයන් වහන්ස, නුඹවහන්සේ මට වරයක් දුන්නා

නොවැ. ඒ අනුව මටත් මාගේ ලෙහෙළියන් දෙතිස් දෙනාටත් වෙන කිසිවක් ඕනෑ නෑ. මට මගේ නිවසටත් මේ අයට ඔවුන්ගේ නිවෙස්වලටත් යන්ට අවසර දුන මැනව."

රජතුමා එයට අවසර දුන්නා. එතකොට ඈ ලෙහෙළියන් තම තමන්ගේ නිවෙස්වලට පිටත් කරවා තොමෝ කුසිනාරාවේ තමන්ගේ පිය නිවස බලා පිටත් වුණා.

රජතුමා බන්ධුල සේනාපතිගේ සොයුරියකගේ පුත්‍රයා වන දීඝකාරායන නමැත්තාට සෙන්පති තනතුර ප්‍රදානය කළා. 'මොහු තමා මගේ බන්ධුල මාමණ්ඩිය මැරුවේ. හරි... අවස්ථාව ලද විට මං බලාගන්නම්' යි දැඩි ලෙස පිහිටුවා ගත් සිතින් කටයුතු කළා.

නිර්දෝෂී බන්ධුල සෙන්පති ඝාතනයට ලක්වූ දා පටන් රජතුමා මහත් පීඩාවකින් පසුවුණා. සිතට කිසි සැනසීමක් ලැබුණේ නෑ. කිසිම රජ සැපක් වින්දෙත් නෑ.

ඒ කාලයේ අප භාග්‍යවතුන් වහන්සේ ශාක්‍යයන්ගේ මේදතළුම්ප නම් නියම්ගම ඇසුරුකොට වැඩවාසය කොට වදාළා. රජතුමා භාග්‍යවතුන් වහන්සේ සොයා ගොස් වෙහෙරට නුදුරින් බල සෙනඟ නවත්වා මහත් හරසරින් යුතුව ශාස්තෘන් වහන්සේ වඳින්ට ඕනෑ කියා පිටත් වුණා. පංච කකුධ රාජභාණ්ඩ දීඝකාරායන සෙන්පති අතට දී තනිවම භාග්‍යවතුන් වහන්සේ වැඩහුන් කුටියට පිවිසියා. ඒ අවස්ථාවේ රජතුමා භාග්‍යවතුන් වහන්සේගේ සිරිපා සිඹිමින්, අතින් පිරිමදිමින් බොහෝ බුදුගුණ කියන්ට

පටන් ගත්තා. ධම්මචේතිය සූත්‍රයෙහි මේ සියලු විස්තර සඳහන්.

ලද අවසරයෙන් දීඝකාරායන සෙන්පති කෝසල නිරිඳු උදෙසා එක් අශ්වයෙකුත් උපස්ථානයට එක් ස්ත්‍රියකුත් එහි තබා එතැනින් පලාගොස් විඩූඩභ කුමාරයා කොසොල් රාජ්‍යයෙහි රජකමට පත්කළා.

භාග්‍යවතුන් වහන්සේ සමග ප්‍රිය කථාව අවසන් කොට පිටතට නික්මුණු රජතුමාට උපස්ථායක ස්ත්‍රිය හැර අන් කිසිවෙක් ම දකින්ට සිටියේ නෑ. ඒ ස්ත්‍රිය සිදු වූ සියල්ල පවසා සිටියා. 'හ්ම්... එහෙනම් වෙන කරන්ට දෙයක් නෑ. මගේ සොයුරියගේ පුත්‍රයා වන අජාසත් රජු කැඳවාගෙන විත් විඩූඩභව අත්අඩංගුවට ගන්ට ඕනෑ ය' යි සිතා රජගහ නුවර බලා පිටත් වුණා.

පැමිණෙන විට රෑ බෝ වූ හෙයින් නගරයේ දොරටු වසා තිබුණා. රජතුමා නගරයෙන් පිටත අම්බලමක ඒ ස්ත්‍රියගේ ඇකයෙහි හිස තබා සැතපුණා. දැඩි සීතල සුළඟින් පහර කමින් සිටි රජු එළිවෙන්ට පෙර එහි ම කලුරිය කළා. රැය පහන් වූ විට ඒ ස්ත්‍රිය 'අයියෝ... අපගේ කෝසල නිරිඳා අනාථ ව අසරණ වුණා!' කියමින් මහා හඬින් වැලපෙන්ට පටන් ගත්තා.

මෙය සැලවූ අජාසත් රජ සිය මාමණ්ඩිය වූ කෝසල නිරිඳුන්ගේ අවසන් කටයුතු මහත් හරසරින් සිදුකළා. කෝසල රාජ්‍යයෙහි අධිපති වූ විඩූඩභ තමන්ගේ සිතේ කැකෑරෙමින් තිබූ වෛරය සිහි වී සියලු ම ශාක්‍යයන් මරන්ට ඕනෑ ය කියා මහත් වූ යුද සේනාවක් රැගෙන කිඹුල්වත බලා පිටත් වුණා.

එදා හිමිදිරියේ ලොව බලා වදාළ භාග්‍යවතුන් වහන්සේ තමන්ගේ ඥාති වර්ගයා ඉතා බිහිසුණු විනාශයකට පත්වන බව දැක වදාළා. මේ ඥාතීන්ට සංග්‍රහ කළයුතු මොහොතයි කියා සිතා පෙරවරුවෙහි පිඬුසිඟා දන් වළඳ කුටියෙහි ස්වල්ප වේලාවක් විවේක ගෙන සවස් යාමයෙහි අහසින් වැඩමකොට කිඹුල්වත් පුර රාජසීමාවේ කොළ හැලී ගිය එක් රැකක් මුල වාඩිවී වැඩසිටියා. එතැනට නුදුරින් කෝසල රාජ්‍ය සීමාවේ අතුපතර සුවිසල් ව විහිද ගිය ඉතා හොඳ සෙවණ ඇති මහා නුගරුකක් දකින්ට ලැබුණා.

ශාක්‍ය සංහාරය සඳහා පැමිණි විඩූඩභ භාග්‍යවතුන් වහන්සේ දැක එතැනට පැමිණ වන්දනා කළා. "ස්වාමීනී, තවමත් අවට පරිසරය උණුසුම්. මෙවන් වේලාවක මේ කොළ හැලීගිය රැක් මුල වැඩහිඳින්නේ මක් නිසා ද? අතන මනාව කොළ අතු විහිද ගිය මහා නුගයක් තියෙනවා නොවැ. ස්වාමීනී, ඒ සෙවණෙහි වැඩහිඳිනු මැනව."

"වේවා මහරජ, මට මාගේ නෑයන්ගේ සෙවණැල්ලත් ඉතා සිහිල් ය" යි වදාළා. එවිට විඩූඩභ 'ඕ... එසේ නම් භාග්‍යවතුන් වහන්සේ නෑයින් රකින්ට වැඩි සේක' යි සිතා භාග්‍යවතුන් වහන්සේට වන්දනා කොට නැවතත් හැරී සැවැත් නුවර බලා පිටත් වුණා. භාග්‍යවතුන් වහන්සේ අහසට පැන නැගී දෙව්රමට වැඩියා.

විඩූඩභට තම සිතෙහි උපන් වෛරය නැවත නැවතත් සිහි වෙවී බුර බුරා පැන නැංගා. දෙවන වතාවටත් ශාක්‍ය සංහාරය පිණිස පිටත් වුණා. ඒ වතාවේදීත් භාග්‍යවතුන් වහන්සේ මැදිහත් ව විනාශය වළක්වා ගත්තා. තෙවන

වතාවටත් ඔහු ශාක්‍ය සංහාරය පිණිස පිටත් වුණා. ඒ වතාවේදීත් භාග්‍යවතුන් වහන්සේ මැදිහත් ව එය වළක්වා ගත්තා. සිව්වන වතාවේත් විඩූඩභ ශාක්‍ය සංහාරය පිණිස පිටත් වුණා. බොහෝ ඈත අතීතයේ ශාක්‍යයන් විසින් කරන ලද පාප කර්මයක විපාකය කල් යල් බලා පැමිණ ඇති බව භාග්‍යවතුන් වහන්සේ දැක වදාළා. එක්තරා ආත්මයකදී ඔවුන් නදියකට විෂ දමා කුඩා මත්ස්‍යයින් ඇතුළු බොහෝ මසුන් නැසූ පාපයයි විපාකය පිණිස පැමිණියේ. ඒ විපාකය නොවැළැක්විය හැකි දෙයක් බව දුටු භාග්‍යවතුන් වහන්සේ එදා එහි වැඩියේ නෑ.

කිරි බොන දරුවන්ගේ පටන් සියලු ශාක්‍යයන් ඝාතනය කළ විඩූඩභ ඔවුන්ගේ රුධිරයෙන් එදා තමා අසුන් ගෙන සිටි එලකය සෝදා යළි හැරී සැවැත් නුවර බලා පිටත් වුණා.

ඔවුන් පැමිණි ඒ රැයෙහි වෙහෙස නිවාගැනීම පිණිස අචිරවතී නදියෙහි දිය සිඳීගිය වැලිතලා පෙදෙසෙහි හාන්සි වුණා. ඔවුන් සැණෙකින් නින්දට වැටුණා. ඒ සංහාරයට හවුල් නොවී, සියලු ඝාතනවලින් වැළකී සිටි සෙබළුනුත් එහි සිටියා. නිදාසිටි වැල්ලෙන් කඩි මතු වී ඔවුන්ව කන්ට පටන් ගත්තා. එතකොට ඔවුන් නැගිට ඉවුරට ගොඩ වී උස්බිමක නිදාගත්තා. සංහාරයට හවුල් වූ සියල්ලන් බාධාවකින් තොරව නින්දට වැටුණා. එදා රාත්‍රියෙහි හිමාලයට දරුණු මහා වැස්සක් ඇදහැළුණා. එයින් හටගත් මහා දියකඳක් පැනනැගී වේගයෙන් පහළට ගලා ඇවිත් විඩූඩභ ඇතුළු ශාක්‍ය සංහාරයට හවුල් සියලු සෙබළුන් ගසාගෙන ගියා. ඒ සියල්ලන් ද ජීවිතක්ෂයට පත්වුණා.

භාග්‍යවතුන් වහන්සේ තුන්වෙනි අවස්ථාවේත් ශාක්‍ය සංහාරය වළක්වා පසුදා සැවැත් නුවර පිඬුසිඟා වැඩම කොට දන් වළඳා වැඩසිටි කල්හි එදින සවස් යාමයෙහි දම්සභා මණ්ඩපයෙහි රැස්වූ භික්ෂූන් අතර මේ කතාබහ ඇතිවුණා. "ඇවැත්නි, අපගේ ශාස්තෘන් වහන්සේ නෑයන් කෙරෙහි දක්වා වදාළ අනුකම්පාව පුදුම සහගතයි. දැන් තුන් වතාවක් ම නෑයන්ගේ මරණ භයෙන් ඔවුන් මුදවා ගත්තා. මෙලොව පරලොව දෙකෙහි නෑයන්ගේ යහපත සැලසුවා" යි භාග්‍යවතුන් වහන්සේගේ ගුණ කියමින් සිටියා.

භාග්‍යවතුන් වහන්සේ එතැනට වැඩම කොට වදාළා. භික්ෂූන් වහන්සේලා තමන් කතා කරමින් සිටි කරුණ භාග්‍යවතුන් වහන්සේට සැලකළා. භාග්‍යවතුන් වහන්සේ මෙය වදාළා. "මහණෙනි, තථාගතයන් දැන් පමණක් නොවෙයි, පෙර ආත්මයන්හිදිත් ඤාතීන්ගේ යහපත පිණිස කටයුතු කොට තිබෙනවා" කියා මේ භද්දසාල ජාතකය වදාළා.

බොහෝ පෙර අතීතයේ බරණැස් පුර බඹදත් නමින් රජෙක් දස රාජධර්මයෙන් රාජ්‍යය කරමින් සිටියා. දිනක් ඔහු මෙහෙම සිතුවා. 'මේ දඹදිව රජවරු වාසය කරන්නේ බොහෝ ටැම් මත ඉදිකළ ප්‍රාසාදවල යි. අනික බොහෝ ටැම් මත ප්‍රාසාදයක් තැනවීම මහා අසිරියකුත් නොවෙයි. එහෙයින් මං තනි ටැඹක් මත ප්‍රාසාදයක් කරවන්ට ඕනෑ. එවිට සියලු රජුන්ට අග්‍ර ව මට සිටින්ට පුළුවනි.'

ඉතින් රජතුමා ලීවඩුවන් කැඳවා "මට අලංකාරයෙන් අගපත් ප්‍රාසාදයක් කරව්. හැබැයි තනි ටැඹක් මතයි එය තනවන්ට ඕනෑ."

"එහෙමයි දේවයන් වහන්ස." කියා ඔවුන් වනයට ගොස් මහා රුක් සොයා බැලුවා. ඒකස්ථම්භක ප්‍රාසාදයකට සුදුසු බොහෝ වටිනා රුක් නම් තියෙනවා. නමුත් එය රැගෙන යන්ට බැරි තරම් මාර්ගය අවහිරයි. පහළට ගේන්ට කොහෙත් ම බෑ. එනිසා වඩුවෝ යළිත් ගොහින් රජුට කාරණය සැලකළා. රජ මෙසේ කීවා.

"ආ... එහෙම කියල හරියනවැයි? කුමක් හෝ උපායකින් තනි ටැඹකට සුදුසු රුකක් පහළට ගේන්ට ම ඕනෑ."

"දේවයන් වහන්ස, අපි නොයෙක් ක්‍රමයෙන් සිතා බැලුවා. එහෙත් රුකක් පහළට ගේන්ට කොහෙත්ම පුළුවන්කමෙක් නෑ."

"එහෙනම් මගේ උද්‍යානයේවත් තනි ටැඹකට ගන්ට ඇහැක් මහරුකක් තියේ ද කියා බලව්."

ලීවඩුවෝ උයනට ගියා. එහි ඉතාමත් උසස් වර්ගයේ, ඉතා ඍජු ව උඩට නැගුණු, ගම්වැසියන්ගෙන් නිති පිදුම් ලද, රජපවුලෙනුත් පිදුම් ලද, මහා වටප්‍රමාණයකින් යුතු සුවිශාල කඳක් ඇති, මංගලසාල නම් රුකක් තියෙන බව දැක්කා. වඩුවෝ ඒ වග රජුට සැලකළා.

"කමෙක් නෑ. ඒකට මොකද? රාජ්‍ය උද්‍යානයේ තියෙන්නේ මා සතු දෙයක් නොවැ. එහෙනම් ඒ ගස කපව්."

එතකොට වඩුවෝ සුවඳ මල් ආදිය රැගෙන උයනට ගොහින්, සුවඳ කුඩු වර්ග ඇඟිලි මත තවරා එයින් රුකෙහි සටහන් තබා, නූලකින් රුක වෙළා, මල්කෙමියක් බැඳ,

පහන් දල්වා මල් පූජාවක් කොට "අනේ අපි මෙයින් සත්වෙනි දවසේ ඇවිත් මේ මහා වෘක්ෂය කපනවා. මේ ගස කප්පවන්නේ අපගේ මහරජතුමා. අප අත වරද නැත. එනිසා අප ගැන අනුකම්පාවෙන් මේ රුකෙහි යම් දේවතාවෝ සිටිත් නම් වෙනත් විමානයකට යනු මැනව" යි හඬ නගා කීවා.

ඒ රුකෙහි විමනක් සැදූ දෙවියෙක් සිටියා. ඔහු වඩුවන්ගේ කීම ඕනෑකමින් ඇසුවා. 'අයියෝ... මේ වඩුවෝ නිසැකයෙන් ම මේ රුක කපා දමාවි. මගේ විමානය නැසෙන්ටයි යන්නේ. විමානයත් සමග මගේ ජීවිතෙත් ඉවර වේවි. මේ රුක පිරිවරාගත් තව බොහෝ යොවුන් රුක් තියෙනවා. ඒවායේ උපන් මාගේ ඤාති දේවතාවුන්ගේ බොහෝ විමානයනුත් නැසී යාවි. ඇත්තෙන්ම මගේ විමානය නම් නැසීගියත් කාරි නෑ. ඤාතීන්ගේ විමාන රැක ගැනීම උදෙසා දිවි පුදා කටයුතු කළ යුතුයි' යි සිතා මැදියම් රැයෙහි දිව්‍යාලංකාරයෙන් සැරසී සිරියහන් ගැබ ඒකාලෝක කොට රජුගේ යහනේ හිස පැත්තේ සිට හඬමින් සිටියා. එය දැක මහත් සේ බියට පත් රජතුමා ඔහු හා කතා කරමින් මේ ගාථාව කීවා.

01. අලංකාර දිව සළුවෙන් සැරසී
අහසේ සිටිනා තොප - කවුද කියන් මට
ඇයි ද දෙවිය මේ - කඳුළු සළා හඬන්නේ
තොපට හෝ නැසියන්ට - අනතුරක් භයක්
කොයින් ද හටගත්තේ?

එතකොට ඒ දෙවියා මෙසේ පිළිතුරු ගාථාවන් පැවසුවා.

02. පින්වත් රජුනේ - මෙය හොඳින් ඇසුව මැන
තොපගේ විජිතයේ - රම්‍ය බරණැස් පුරයේ
හැම දෙනගෙන් පිදුම් ලැබූ
සැටදහස් වසක් ආයුෂ විඳිනා
මහ සුවිසල් රුකක් ඇතේ
තොප උයනෙ පිහිටි ඒ රුකේ සිටින
භද්දසාල රුක් දෙවි වෙමි මම්

03. මහරජුනේ, බරණැස සිටි පෙර රජවරු
නොයෙක් හැඩට අලංකාර මහල් තැනූ නමුත්
ඒ කිසිම රජෙක් කිසිවිටෙකත්
මා සිටිනා රාජපූජිත - මංගල සාල රුකට නම්
කිසි වෙනසක් හානියක් විපතක් කළේ නෑ
ඔවුන් සියලු දෙන ඒ රුක පිදුවා
තොප ද නිරිඳුනේ - මා සිටිනා ඒ මහරුක පුදනු
මැනේ

රජතුමා දෙවියාගේ අදහසට එකඟ වුණේ නෑ. මේ ගාථාවෙන් පිළිතුරු දුන්නා.

04. අනේ මටත් ඒ ගැන - නෑ කරන්ට කිසි දෙයක්
තොප විමන පිහිටි ඒ මහරුක විතරයි
උසමහතට හැඩටවැඩට සවිසත්තිය ඇතුව
තියෙන්නේ
එබඳු වෙනත් රුකක් සෙවූ නමුත්
හොයාගන්ට බැරි වුණා නොවැ

05. පින්වත් දෙවිය අසන් මෙමා බස
එක් ටැඹක් මතින් තනවන මනරම්
ප්‍රාසාදය මෙයින් නොවැරදී ම කරමි මම්

මං එහි නවාතැනට යනවා ම යි
එහි මාත් සමග එකට ම වසමින්
උතුම් සුවඳ මලින් පුද පූජාවෙන් අග්‍රව සිටිමින්
තුටින් විසුව මැනේ
තොපට චිර දිවියක් එයින් ලැබෙනු ඇතේ

එය ඇසූ භද්දසාල දෙවියා මේ ගාථාවන් පැවසුවා.

06. අනේ නිරිඳ ඔබ එසේ ද සිතා සිටින්නේ
ඒ සල් රුක නැසෙනා විට
ඒ සමග ම මාත් නැසෙන්නේ
බොහෝ කොටස්වලට කපා
අතු ඉති එහි කඩා දමා
බිම හෙළා දමන්ට නේද තොප සිතා සිටින්නේ?

07. රජුනි එසේ නම් පළමුව උඩින් සින්ද මැන
දෙවනුව රුක මැදින් කපා - අවසන මුලින් සිඳින්න
මේ අයුරින් මාගේ රුක කපා දැමුව විට
මරණය මාගේ එතනදි සුවසේ වනු ඇත

රුක් දෙවියා මේ ගස කපන්ට එපා ය කියා ඉල්ලා සිටින්නේ කුමන කරුණක් නිසාදැයි රජුට වැටහුණේ නෑ. එනිසා එය පහදා දෙන ලෙස මේ ගාථාවන් පැවසුවා.

08. අත් පා කන් නාසා පළමුවෙන් සිඳ දමා
ඉන් පසු හිස සිඳිනා විට - වධයට ලක්වෙන කෙනා
දැඩි දුක් විඳ විඳ - අසරණ ව මැරෙනවා

09. සඟය භද්දසාල දෙවිය,
වධයට නියමිත අයෙක් සුවසේ මැරෙන්ට කැමති ද
එලෙසින් තොප ඉල්ලන්නේ - රුකත් කපන ලෙස

කුමක් හේතු කොට - කවර දෙයක් නිසා දෝ
එලෙසින් රුක සිඳ - මැරෙන්ට ආස කරන්නේ?

එතකොට භද්දසාල දෙවියා රජුට කරුණු පහදමින් මේ ගාථාවන් පැවසුවා.

10. රජුනි එයට හේතුව මා දැන් පවසන්නම්
එය කාගේ යහපත පිණිස දැයි කියන්නම්
ඒ රුක සිඳිනා හැටි මං පහදා දුන්නේ
මන්ද කියා සවන් යොමා හොඳින් අසන්නේ

11. මංගල සල් රුක පිරිවර කොට
එතන බොහෝ ගසුත් තියෙනවා
ඒ ඒ තැන්වල මාගේ නෑ දෙවිවරු ඉන්නවා
කඩ කඩ කොට රුක නැසුවොත්
අවට තිබෙන ඒ රුක්වල අතුපතරත් සිඳී
ඔවුන්ගෙ විමන් නැසෙනු ඇත
රජුනි ඔවුන් බොහො කල් එහි තුටින් විසුව තැන
ඔවුනට දුක් පීඩාවක් නොදී සිටින්නට
සිතාගෙනයි මා කීවේ මහරුක කපන්නට

එය ඇසූ රජතුමා ඉතා සතුටට පත්වුණා. 'අනේ මේ ඉතාම සත්පුරුෂ දැහැමි රුක්දෙවියෙක් නොවැ. රුක කපද්දී තමාගේ විමානයත් සමග තමාත් මැරෙන්ට කැමතියි. එහෙත් ඒ ඤාතීන්ට අවැඩක් නොවෙනු පිණිස යහපත් ලෙස රුක කප්පවන්ටත් කැමති වුණා. ඇත්තෙන්ම මේ දෙවියා තමාගේ නෑයන්ගේ යහපත කැමති ම යි. එනිසා මං රුක කපන්නේ නෑ. දෙවියාට අභයදානය දෙනවා' යි සිතා මේ ගාථාව පැවසුවා.

12. **සගය භද්දසාලය තොප යහපත් දෙවියෙකි**
නෑදෑ පිරිස කෙරෙහි ආදර කරුණා ඇතියෙකි
ඔවුන්ගෙ යහපතට කැමති පින්වත් දෙවියෙකි
නෑයන්ගේ සැප වෙනුවෙන් සිය දිවි පිදුවෙකි
එනිසා මං තොපට අභය දෙමි සිත සතුටින

රුක් දෙවියා රජුට දහම් දෙසුවා. රජතුමා රුක් දෙවියාගේ අවවාදය මත පිහිටා දානාදී පින්කම් කොට මරණින් මතු දෙව්ලොව උපන්නා. මෙය වදාළ භාග්‍යවතුන් වහන්සේ "මහණෙනි, මේ අයුරින් තථාගත තෙමේ පෙර ආත්මවලත් නෑයන්ගේ යහපත වෙනුවෙන් කටයුතු කොට තිබෙනවා. මහණෙනි, එදා බඹදත් රජු ව සිටියේ අපගේ ආනන්දයෝ. අවට යොවුන් රුක්වල ඉපිද සිටි රුක්දෙව් පිරිස බුදු පිරිසයි. භද්දසාල රුක්දෙවියා ව සිටියේ මා ය' කියා භාග්‍යවතුන් වහන්සේ මේ ජාතකය නිමවා වදාළා.

03. සමුද්දවාණිජ ජාතකය

මුහුදු වෙළෙන්දන්ගේ කතාව

පින්වතුනේ, පින්වත් දරුවනේ,

සමහරුන්ගේ සිත පහදින්නේ ම අසත්පුරුෂ ඇසුරට යි. ඒ ඇසුර නිසා කොතරම් විපත් වෙනවා කීවත් ඔවුන් එය ගණන් ගන්නේ නෑ. අසත්පුරුෂ ඇසුර නිසා ම ඔවුන් නොයෙක් වර විපතට පත්වෙනවා. මෙයත් අසත්පුරුෂ ඇසුරේ ඇති භයානකකම ගැන කියැවෙන කතාවක්.

ඒ දිනවල අප භාග්‍යවතුන් වහන්සේ වැඩසිටියේ සැවැත් නුවර ජේතවනයේ. දෙව්දත් වාසය කළේ ගයාවේ ගයාශීර්ෂයේ මහා විහාරයකයි. දෙව්දත්ගේ බස හිස්මුදුනින් පිළිගත් ඔහුගේ දායක පිරිස් භාග්‍යවතුන් වහන්සේටත් ධර්මයටත් සංඝයාටත් දොස් නගමින්, දෙව්දත් ළඟ පැවිදි වූවන්ට පසසමින් වාසය කළා.

දම්සෙනෙවි සාරිපුත්ත මහරහතන් වහන්සේ වෙතින් ඉතා ශ්‍රද්ධාවෙන් සසුන්ගත වූ පන්සියයක් භික්ෂූන් ව බොරු ප්‍රතිපදාවක් පෙන්වා රවටා ගන්ට දෙව්දත් සමත් වුණා. ඒ භික්ෂූන්වත් රැගෙන ගයාවට ගොහින් වහ වහා නිවනට පත්වෙන කෙටි මගක් දන්නේ තමා ය කියා අධර්මය ම කියන්ට පටන් ගත්තා. එය අධර්මය බව නොදත්

පන්සියයක් භික්ෂු පිරිස කන් යොමා අසමින් වැරදි මගක් පුරුදු කරමින් සිටියා. තවදුරටත් ඔවුන් එසේ සිටියොත් ධර්මාවබෝධයට උපකාරී වන කුසල්මුල් සිඳී ඔවුන්ට මහත් විපතක් සිදුවන බව දුටු භාග්‍යවතුන් වහන්සේ සාරිපුත්ත මොග්ගල්ලාන දෑගසව්වන් වහන්සේලා ඔවුන්ව බේරාගැනීමට එහි පිටත් කොට වදාළා.

අප දෑගසව්වන් වහන්සේලා එහි වැඩම කොට පන්සියයක් භික්ෂූන් තුළ දහම් ඇස උපදවා මග නොමග හඳුනාගැනීමෙහි නුවණ උපදවා ඔවුනුත් රැගෙන භාග්‍යවතුන් වහන්සේ වෙත වැඩියා. සිය පිරිස කෙරෙහි දැඩි ආශාවෙන් ඇලී සිට, ඒ පිරිස නැති වීමේ ශෝකය වාවාගත නොහැකි දෙව්දත්ගේ මුවින් උණු ලේ පිටවුණා. එයින් ම ඔහු බරපතල රෝගියෙක් බවට පත්වුණා. ජීවිතයේ අවසන් මොහොත ළං වන විට ඔහුට සිහි උපන්නා. 'අහෝ... මා අතින් භාග්‍යවතුන් වහන්සේට බොහෝ අවැඩ සිදුවුණා. අනේ එහෙත් භාග්‍යවතුන් වහන්සේ මා කෙරෙහි අමනාප සිතක් ඉපදුවේ නෑ. අසූ මහා සව්වන් වහන්සේලාත් මා ගැන අමනාප වුණේ නෑ. මට මෙය වුණේ මා කළ කී දේ නිසා ම යි. මං ගොහින් ශාස්තෘන් වහන්සේගෙන් සමාව ගන්ට ඕනෑ. අනික මාගේ ඥාතිශ්‍රේෂ්ඨ වූ රාහුල තෙරුන් එයට උපකාර කරාවි' යි අමාරුවෙන් කියා අතින් සංඥා දෙමින් තමන්ගේ අවශ්‍යතාව පැහැදිලි කළා.

දෙව්දත්ගේ අවසන් ඉල්ලීම ඉටුකර දෙනු පිණිස ඔහුගේ පිරිස ඔහු සැතපී සිටි ඇඳ පිටින් ම ඔසවාගෙන සැවැත් නුවර බලා පිටත් වුණා. දහවල විවේක ගනිමින් රෑ රෑ ගමනේ පිටත් වුණා. කොසොල් ජනපදයටත්

පැමිණුනා. අනඳ මහතෙරණුවෝ භාග්‍යවතුන් වහන්සේට ඒ වග දන්වා සිටියා. "ස්වාමීනී, භාග්‍යවතුන් වහන්සේගෙන් සමාව ගන්ට ඕනෑ ය කියා දෙව්දත් මග එනවා."

"ආනන්ද, දෙව්දත්ට මාගේ දැක්මක් ලැබෙන්නේ නෑ" කියා භාග්‍යවතුන් වහන්සේ වදාළා. සැවැත් නුවරට ඇතුළු වූ විටත් අනඳ තෙරණුවෝ භාග්‍යවතුන් වහන්සේට එය සැලකළා. භාග්‍යවතුන් වහන්සේ දෙවනුව ද එය ම වදාළා. දෙව්දත් ඔසොවාගත් ඇඳ රැගත් පිරිස ජේතවන දොරටුවෙහි පොකුණ සමීපයට ආ විට ඔහුගේ කර්මවිපාකය මුදුන්පත් වුණා. සිරුරෙහි මහා දාහයක් හටගත්තා. පොකුණෙන් ස්නානය කොට පැන් බීමේ තද ඕනෑකමක් ඇතිවුණා.

"අනේ අයියෝ... මයෙ ඇඟ දනවා. හරිම පිපාසයි. ඉක්මනින් මේ ඇඳ බිමින් තියන්ට. මට බහින්ට ඕනෑ. දිව ගිලෙන තරම් පිපාසයි" යි කීවා. එතකොට ඇඳ බිම තැබුවා. ඔහු අමාරුවෙන් නැගිට පා බිම තැබූ සැණින් සිතට සැහැල්ලුවක් නොලැබී තිබියදී ම පොළොව පැලී විවරයක් සැදී අවීචි මහා නිරයෙන් ආ ගිනිදැලින් ඔහු වෙළී ගොස් යටට ඇදීයන විට භාග්‍යවතුන් වහන්සේගේ ගුණ සිහිකොට හඬ හඬා මේ ගාථාව කීවා.

දේවාතිදේව වූ නරදම්මසාරථී වූ
සියලු දේ දක්නා බුදුනෙතින් සරු වූ
සියයක් පින් ලකුණින් හොබනා
අසිරිමත් ගුණ ඇති අග්‍රපුද්ගල වූ

සම්මා සම්බුදු රජුනේ දිවි පුදා මම සරණ යමි' යි කියා සරණ පිහිටට ගත් නමුත්, අවීචි මහා නිරයේ පිහිට

ලබමින් එහි උපන්නා. දෙව්දත්ගේ බස් සැබෑ ය කියා හිස්මුදුනින් පිළිගෙන පව් රැස්කළ පවුල් පන්සියයක දායක දායිකාවෝත් මරණින් මතු අවීචි මහා නිරයෙහි ම උපන්නා. දෙව්දත් තනියම ගියේ නෑ. දායක පවුලුත් රැගෙන ම ගියා.

දම්සභා මණ්ඩපයේ රැස්වූ භික්ෂූන් වහන්සේලා දෙව්දත්ට මෙන් ම ඔහුගේ දායකයන්ටත් අත්වූ සෝචනීය ඉරණම ගැන කතා කරමින් සිටියා. "බලන්ට ඇවැත්නි, ලාභ සත්කාර ගැන ඇති දැඩි ගිජුකම නිසා දෙව්දත් බොහෝ පව් කරගත්තා. සම්මා සම්බුදුන් හට අස්ථානයේ වෛර බැඳ, අනාගතයේ තමා විඳිනා නිරා දුක ගැන කිසි භයක් නැතිව, ඒ ගැන කල්පනා නොකොට, දායක පවුල් පන්සීයකුත් රැගෙන නිරයෙහි පිහිටියා නොවැ."

ඒ අවස්ථාවේ භාග්‍යවතුන් වහන්සේ එතැනට වැඩම කොට වදාළා. භික්ෂූන් වහන්සේලා දෙව්දත් සිය දායක පිරිසත් රැගෙන නිරයේ ගිය වග කතා කරමින් සිටින බව සැලකොට සිටියා. "මහණෙනි, ලාභ සත්කාරයට ඇති ගිජු බව නිසා දෙව්දත්ට අනාගතය පෙනුණේ නෑ. මීට කලින් ආත්මයකත් අනාගත භය නොදැකීම නිසා, ඒ ආත්මයේ පමණක් ලද සැපයට වසඟ වීම නිසා පිරිසත් සමග මහ විනාශයට පත්වුණා" කියා භාග්‍යවතුන් වහන්සේ මේ සමුද්දවාණිජ ජාතකය වදාළා.

ගොඩාක් ඈත අතීතයේ බරණැස් පුර බඹදත් නමින් රජෙක් රාජ්‍ය කරමින් සිටියා. ඔය කාලේ බරණැසට නුදුරින් 'මහවඩුවන්ගේ ගම' යන නමින් පවුල් දහසක් වාසය කරන ගමක් තිබුණා. එහි සිටි වඩුවෝ 'තොපට

ඇඳපුටු ආදිය තනා දෙන්නම්, ලීයෙන් ගෙවල් තනා දෙන්නම්' යනාදිය කියා මිනිසුන්ගෙන් බොහෝ ණය ගත්තා. නමුත් පොරොන්දු වූ ලෙස මිනිසුන්ට වැඩ කර දෙන්ට ඔවුන්ට බැරිවුණා. මිනිස්සුත් දුටු දුටු තැන "එක්කෝ මුදල් දීපිය, නැතිනම් බඩු දීපිය" කියා වඩුවන්ට කරදර කරන්ට පටන් ගත්තා.

ඒ ගමේ වාසය කරන්ට බැරි තරම් ඔවුන්ට කරදර ආවා. 'අනේ යහලුවනේ, අපි කොහේ හරි වෙනත් රටකට යමු. ගොහින් හැකි අයුරින් සැනසිල්ලේ වසමු' යි කතා වුණා. කැලේට ගොහින් ගස් කපා රහසේ ම මහත් නැවක් තනවා එය නදියෙහි බස්සවා රැගෙනවිත් ගමට යොදුන් භාගයකුත් ගව්වක් පමණ දුරින් රැඳෙව්වා. මැදියම් රැයේ ඇවිත් අඹුදරුවන් ද රැගෙන නැවට ගොඩ වී පිටත් වුණා. ගං දියේ පහළට යන නැව ක්‍රමයෙන් මහා සමුද්‍රයට පිවිසුණා. සුළං වේගයෙන් යන නැව මුහුද මැද පිහිටි එක්තරා දිවයිනකට සේන්දු වුණා.

ඒ දිවයිනෙහි ඉබේ හටගත් සුවඳ ඇල්සහල්, උක්, කෙසෙල්, අඹ, පොල්, වරකා ආදී නොයෙක් ගස් වැවී තිබුණා. මීට කලින් බිඳුණු නැවකින් ඒ දිවයිනට ගොඩබැසගත් වෙන මිනිසෙක් ඇල් සහල් බත් බුදිමින්, උක් ආදිය කමින් ස්ථූල සිරුරක් ඇතිව වාසය කළා. අලුතින් වස්ත්‍ර සොයාගන්ට නැති නිසා ඔහුට නග්න ව වසන්ට සිදුවුණා. බොහෝ කෙස් රැවුලුත් වැවී තිබුණා.

එහෙ ගොඩබැසගත් වඩුවෝ මෙසේ කතා වුණා. "මිතුරනි, බාගදා මේ රට රකුසන්ගේ රටක් වෙන්ටත් පුළුවනි. එහෙම වුණොත් මහා විනාශයක් අපිට වෙන්නේ.

රකුසන්ට බිලි වෙන්ට වෙනවා." ඔවුන් අතරින් ඉතා ශක්ති සම්පන්න පුරුෂයන් සත් දෙනෙක් පංචායුධයෙන් සන්නද්ධ ව මුහුදු තෙර අවට ඔබමොබ ඇවිදින්ට පටන් ගත්තා. ඒ වෙලාවේ රටේ පදිංචි ව සිටි පුරුෂයා හීලට උක් රස බී සැපයට පත්ව, රිදී පොටක් බඳු සිත්කලු වැලි තලාවේ සිහිල් රුක් සෙවණක උඩුබැලි අතට සැතපී "දඹදිව මිනිස්සු සී සා වපුරා ගොයිතැන් කළත් මෙවන් සැපක් නම් කොහේ ලබන්ට ද! දඹදිවට වඩා මේ ලෝකෙන් උතුම් රට මට නම් මෙය යි" කියා උදන් අනමින් ගීයක් කීවා.

01. ලොවෙහි උපන් අය නා නා රැකියා කරමින්නේ
දිවි මග සරු කරගන්නට බොහෝ වෙහෙස ගන්නේ
දඹදිව් වැසියන් හැම කල සී සා වපුරන්නේ
මෙවැනි රටක දිවි ගෙවන්ට පිනක් නැතිව ඉන්නේ
දඹදිවට වඩා මට නම් මේ රටයි බොහෝ වටින්නේ

රට අල්ලාගන්ට ආ වඩුවන්ට ඔහුගේ ගීහඬ ඇසුණා. "හෝ... ඕං අසාපං. මිනිස් හඬක් වගේ. ගොහින් ම බලමු" යි ඒ හඬ ඔස්සේ ගියා. ඒ මිනිසාව දුටු ගමන් යකෙක් ය කියා බියට පත් ඔවුන් දුනු හී මානා ගත්තා. මිනිසාත් භය වුණා. හනික නැගිට්ටා. වැඳගත්තා. "අනේ ස්වාමී, මං යකෙක් නොවෙයි. මිනිසෙක්. මට අනතුරක් කරන්ට එපා."

"නෑ... නෑ... ඔහේ මිනිහෙක් වෙන්ට බෑ. මිනිස්සු ඔහොම කෙස් රැවුල් වවාගෙන නග්න ව ඉන්නේ නෑ. එතකොට ඔහු නැවත නැවතත් කියමින් තමා මිනිසෙක් ය කියා ඒත්තු ගැන්නුවා. ටික වේලාවකින් හැමෝම එකතු

වුණා. ඒ මිනිසා තමන් මේ රටේ වසන්ට ආ හැටි කීවා.

"අනේ මිතුරනි, අසාපල්ලා... ඔහේලාගේ මොකක්දෝ පිනක් පෑදිලා මේ රටට ආවේ. මෙය මහා උතුම් රටක්. මෙහේ අත පය වෙහෙසා වැඩකොට ජීවත් වෙන්ට දෙයක් නෑ. ස්වයංජාත ඇල්හාල් තියෙනවා. උක්, අඹ, වැල, වරකා, පොල්, තැඹිලි සෑම දෙයක් ම තියෙනවා. සැපසේ ඉන්ට පුළුවනි."

"එතකොට සගය, මෙහි වසන අපට වෙන භයක් කරදරයක් නැද්ද?"

"ඕහ්... වෙනත් භයක් නම් නෑ. හැබැයි එකක් තියෙනවා. මේ රට අමනුෂ්‍යයන් අධිගෘහිත රටක්. මේ රට අපිරිසිදු කරනවාට ඒ කවුරුවත් අමනුෂ්‍යයෝ කැමති නෑ. ඒ කියන්නේ, දැන් ඔහේලා මලමූ පහකොට තියෙනවා උන්නාන්සේලා දැක්කොත් ඒ ඇත්තන්ට කේන්ති යන්ට පුළුවනි. ඒ නිසා කල්පනාවෙන් අසාපං. මලමූ පහ කරද්දි වැලි ඉවත් කොට වළක් සාරා එහි මලමූ පහකොට නැවත වැල්ලෙන් වසා දැමීම කරන්ට ම ඕනෑ. ඔය කටයුත්ත හරියට කෙරෙන තාක් කිසි කරදරයක් නැතිව ඉන්ට පුළුවනි. හැබැයි නිතරම ඒ ගැන කල්පනාවෙන් ඉන්ට ඕනෑ."

වඩුවොත් ඒ අදහසට අනුව ජීවත් වෙන්ට පටන් ගත්තා. ඒ වඩු පවුල් දහස පන්සීය බැගින් කොටස් දෙකකට බෙදී තිබුණා. ඒ ඒ වඩු පවුල් පන්සීයට නායකයා බැගින් දෙන්නෙක් හිටියා. එක් වඩු නායකයෙක් මෝඩයි. රසයට ගිජුයි. අනිත් වඩු නායකයා නැණවත්. රසයට ගිජු නෑ. කාලයක් වසද්දී ඔවුන්ගේ සිරුරුත් තරබාරු වුණා.

"බොලේ... අපි සෑහෙන කාලෙකින් සුරාවක් බීවේ නෑ නොවැ" යි කතිකා කොට උක් රසයෙන් සුරාවක් සකසා බොමින් නටමින් ගයමින් කෙළි සෙල්ලමෙන් වාසය කරන්ට පටන් ගත්තා. තමන් විසින් අනිවාර්යයෙන් ම කළයුතු වතාවත ගැන අර මිනිසා දුන් අවවාදය අමතක වුණා. මලමූ පහකොට වැල්ලට යට කළේ නෑ. එයින් රටේ ඒ ඒ තැන ගඳ ගසන්ට පටන් ගත්තා.

එතකොට ඒ රටවැසි දේවතාවෝ "මේ නරයෝ අපගේ කෙළිමඬල පිළිකුල් කටයුතු තැනක් බවට පත්කරනවා නොවැ" යි කිපුණා. මුහුද ගොඩගලන්ට සලස්වා මේ ද්වීපය පිරිසිදු කරන්ට ඕනෑ යි කියා කතා වුණා.

"හරි... අද අමාවක දවසෙත් අපගේ රැස්වීම් කඩාකප්පල් වුණා. එහෙනම් ලබන පුන් පොහෝ දා සඳ නැගෙන වෙලාවට මුහුද ගොඩගලන්ට සලස්වා මේ බාල නරයන් අවසානයක් කරන්ට ඕනෑ" යි දිනයකුත් තීරණය කළා. ඒ දෙවියන් අතර එක්තරා දැහැමි දෙවියෙක් සිටියා. 'අයියෝ... මගේ දෑසට නම් මේ නරයන්ට විපතක් වෙනවා පෙනෙන්ට එපා!' යි අනුකම්පා කළා. මිනිස්සු සවසට කා බී ගේ දොරකඩ සතුටු සාමීචියේ යෙදෙමින් වාඩි වී සිටියදී සියලු අබරණින් සුසැදි ව මුළු දිවයින් බබුළුවාගෙන උතුරු දෙස අහසේ සිට මෙසේ කීවා.

"එම්බා වඩුවෙනි, දෙවියෝ තොප කෙරෙහි කිපුණා. මේ ස්ථානයේ ඉන්ට එපා! තව අඩමසක් ඇවෑමෙන් මුහුද ගොඩගලනවා. එතකොට තොප හැමෝම මරණයට පත්වේවි. වහා මෙතැනින් පලායව්" කියා මේ ගාථාව පැවසුවා.

02. අද පටන් පසළොස් දිනක රැයක් ගෙවුණ විට
පෙරදිග අහසේ පුන් සඳ පායා එන විට
සයුරෙන් මහරළ ගෙඩි වේගයෙන් ඇදෙන විට
මහදියකඳට ම හසුවී යයි මේ උතුම් රට
නරයිනි එයින් තොපහට අනතුරු වෙන්ට එපා
වෙනත් පිහිට ඇති තැනකට වහ පලයල්ලා

ඒ දෙවියා මෙසේ අවවාද කොට තමා සිටි තැනට ම ගියා. එතකොට දරුණු අදහස් ඇති වෙනත් දෙවියෙකුට මෙහෙම හිතුණා. 'ඒ දෙවියාගේ අවවාදය පිළිගත් මොවුන් වෙනත් තැනක් බලා පලායන්ට ඉඩ තියෙනවා. මං මේ නරයන්ගේ ගමන වළක්වා සියලු දෙනා කම්මුතු වෙන තැනට වැඩ කරන්ට ඕනෑ' යි සිතා එදා ම දකුණු දිශාවේ සිට අහස බබුළුවාගෙන මිනිසුන් අමතා මෙය කීවා.

"එම්බා නරයිනි, දැන් කවුරු හෝ දෙවියෙක් මෙහි ආවා ද?"

"එහෙමයි... ආවා."

"ඇවිදින් මොනාද කීවේ?"

"ලබන පසළොස්වක දා සඳ නැගෙන වේලෙහි මුහුද ගොඩගලන්ට නියම තියේලු. ඔහේලාට අනතුරක් වෙන්ට එපා! වෙනත් පිහිට ඇති තැනක් බලා පලයව් කීවා."

"නෑ... ඒ දෙවියා තොප මෙහි ඉන්නවාට කැමති නෑ. අමනාපයෙනුයි එය කීවේ. කොහේවත් යන්ට ඕනැන්නේ නෑ. ඔතැන ම හිටිං" කියා මේ ගාථාවන් පැවසුවා.

03. නරයෙනි සයුරේ රළගෙඩි ගොඩ ගලන්නෙ නෑ
මේ උතුම් රටත් සයුරු දියට යට වෙන්නේ නෑ

බොහෝ නිමිතිවලින් සොඳට මට පෙනී ගියා
බිය වෙන්ට එපා කුමකට තොප සෝක කරව් ද?
කෙළි දෙළෙන් තුටු ව සතුටු සිතින් ප්‍රීති වෙයල්ලා

04. බොහෝ කෑම බීම දැන් සතුටින් හොඳ හැටි කාපං
මේ උදාර බිම හිතු මනාපෙ හොඳින් වසාපං
තොප හට වන කිසිදු භයක් මට නම් නොපෙනේ
දූදරුවන් හා සතුටින් කාලෙ ගෙවාපං

ඒ දෙවියා එලෙසින් ඔවුන් අස්වසා නොපෙනී ගියා. දෙවියා ගිය වේලේ පටන් මෝඩ වඩු නායකයා පිරිස කැඳෙව්වා. "සගයෙනි, මා කියන දෙය අසාපල්ලා" යි කියමින් මේ ගාථාව පැවසුවා.

05. දකුණු දිශාවෙන් දෙවියෙක් අහසෙ පෙනී සිට
බියක් නැතුව හිටිං කියා ඇත්ත ම කීවා අපහට
උතුරු දිශාවේ දෙවියා අප භය කරන්ට හැදුවට
බිය වෙන්ට එපා කුමකට තොප සෝක කරව් ද?
කෙළි දෙළෙන් තුටු ව සතුටු සිතින් ප්‍රීති වෙයල්ලා

රසයට ම කෑදර පන්සියයක් වඩු පිරිස මෝඩ වඩු නායකයාගේ බස ඇත්තක් ය කියා අදහා ගත්තා. නමුත් නුවණින් සලකා බලන්ට හැකියාව ඇති වඩු නායකයා දකුණු දිශාවේ සිට දෙවියා කී බස පිළිගත්තේ නෑ. ඔහු වඩු පිරිස අමතා මේ ගාථාවන් කීවා.

06. බලන් මිතුරනි මේ දෙවිවරු
එකිනෙකා විරුද්ධ දේ කියාපාන්නේ
එක් දෙවියෙක් භය ඇතිවෙන දේ කීවා
අනිකා කිසි භයක් නැතිව ඉන්ට ම කීවා

ඒ ගැන මට සිතෙනා මේ දෙයත් අසාපං
මේ තරම් ඉක්මනින් අප සැම වැනසී යන්ට නම් එපා!

07. හැමෝම එකතු ව දැන් අපි - නැවක් සදා ගමු
ගැඹුරට ඒ නැව සකසා - හැම දේ අරගමු
දකුණු අහසේ සිට - දෙවියා කීවේ ඇත්ත නම්
උතුරු දිසාවේ දෙවියා - කී බස බොරු වී යයි
මුහුද ගොඩ ගලා විපතක් සිදුවුණොත්තින්
ඒ නැව ඒ විපතේදී - උදව් වනු ඇතේ

08. ඉදින් උතුරු අහසේ සිට - දෙවියා කී බස ඇත්ත
වුණොත්තින්
දකුණු දිසාවේ දෙවියා - කී බස බොරු වෙනවාමයි
එවිට අපට මේ රට හැර - යන්ට වෙන්නෙ නෑ
යම් හෙයකින් මුහුද ගලා - යට වී යන විට
ගොඩ වී මේ නැවට හනික - එතෙරට යා ගමු

09. ඇත්ත ම බස කිමැයි කියා - තේරුම් ගන්නට බෑනේ
මුලින් ඇසූ දේ හරි ය කියා - පිළිගන්ටත් බෑ
දෙවනුව දෙවියා කී බස - අත්හැරලත් බෑ
යමෙක් නුවණැසින් විමසා - මේ දෙකට මැදින් සිට
ඇත්ත කුමක් විය හැකිදැයි - තෝරාගත යුතුයි
එහෙම වුණොත් ඒ මිනිසා - බේරී යනු ඇත

නුවණැති වඩු නායකයා මේ ගාථාවන් පවසා මෙසේ කීවා. "මිතුරනි, ටිකක් සිතා බලාපං. දෙවිවරු දෙන්නාගේ ම වචනයට අනුව වැඩ කරන්ට ලේස්ති වෙමු. ඉක්මනින් නැව හදාගන්ට පටන් ගනිමු. යම් හෙයකින් පළමු දෙවියා කී බස ඇත්ත වුණොත්තින් හනිකට නැවෙන් පලායමු.

දෙවෙනි දෙවියාගේ බස අනුව කරදරයක් නොවුණෝතින් නැව පසෙක රඳවා මේ රටේ ම නවතිමු."

එය ඇසූ මෝඩ වඩු නායකයා කෑගසන්ට පටන් ගත්තා. "අනේ ඕයි... ඔහේ නිකම් බොරුවට දිය බඳුනේ කිඹුලො බලන්ට එපා! ඒ කතාව ඔතරම් දිගට ඇදගෙන යන්ට දෙයක් ය? මං දන්නවා... පළමු දෙවියා මුහුද ගොඩගලනවා ය කීවේ අප සමග තරහට ම යි. අනික් දෙවියා තමයි අපට ආදරෙන් ඇත්ත කීවේ. මේ මොනතරම් උතුම් රටක් ද? මේ රට දමා වෙන කොහේ යන්ට ද? හරි... ඔහේ යන්ට කැමති නම් තමුන්නේ පිරිසත් ඇන්න යන එකයි ඇත්තේ. අපට නැව් හැදීමේ අසනීපයක් නෑ."

නුවණැති වඩු නායකයා සිය පිරිසත් එකතු කරගෙන සව්මත් යන්ත්‍රෝපකරණ සහිතව ඉක්මනින් ම හොඳ නැවක් තනාගත්තා. පුන් පොහෝ දවස උදාවුණා. සඳ නැගී එන්ට කලින් පිරිසත් සමග නැවට ගොඩවී වෙන්නේ කුමක්දැයි බලා සිටියා. සඳ උදාවෙමින් තිබුණා. මුහුද රළ ගොඩ නැගී දණ පමණට රළ ගසා නැවත මුහුදට ගියා. මුහුද ගොඩගලන බව තේරුම් ගත් නුවණැතියා නැව වහා මුහුදට මුදාහැරියා.

මෝඩ වඩුවාගේ පිරිස "මේං බලාපල්ලා... මේකට නොවැ අර මෝඩයෝ භය වෙලා පිටත් ව ගියේ. මුහුදු රළ ඇවිත් කොහොමත් වෙරළ සෝදාගෙන යනවා නොවැ. එපමණ තමයි. ඔය මුහුදේ හැටි" කියමින් එහි ම වාඩිවී කතාබස් කරමින් සිටියා.

ටික වෙලාවකින් මුහුදු රළ ගොඩ ඇදී ආවා. තුනටිය

දක්වා ජලයෙන් යට වුණා. ඒ සමග ම පුරුෂ ප්‍රමාණයට වේගයෙන් දියකඳක් ඇවිත් මිනිසුන් යට කරගෙන ගියා. එසැණින් ම තල්ගසක උසින් තව දියකඳක් පැන නැගී දිවයින ඇතුළට රළ කඩා වැදුණා. නැවතත් තල්ගස් සතක උසින් ආ මහදියකඳින් මුළු පෙදෙස ම යටකොට ගොස් නැවත මුහුදට ගසාගෙන ගියා. රසයට ගිජු නොවූ, උපාය කුසලතාවෙන් යුතු නුවණැතියා පිරිසත් සමග සුවසේ එතෙර ගියා. රසයට ගිජු ව, අනාගතයේ විය හැකි අනතුර නොදත් මෝඩ වඩුවාත්, ඔහුගේ වචනය අදහාගත් පන්සීයක් වඩු පවුල් හැමත් මුහුදට ගසා ගියා.

භාග්‍යවතුන් වහන්සේ මේ කතාව පවසා මේ ගාථාවන් වදාළා.

10. තමන්ගේ ම වරද නිසා - ඉදිරියෙ විපත් වෙන්ට
 පුළුවනි යි සිතා - නුවණින් සලකා වැඩකොට
 මුහුද මැදට සුවසේ ගිය - වඩුවන් විලසට
 නිවැරදි ලෙස අනාගතේ - යහපත හඳුනාගෙන
 නුවණැත්තා කිසිම කලෙක - ස්වල්ප යහපතත්
 අත්හැර දමන්නෙ නෑ ම යි

11. මෝඩකමින් ලාභයට ම ගිජු වී සිටි
 අනුවණයා හට ඉදිරියේ විය හැකි අනතුර
 දැකගැනීමේ නුවණක් නම් නැත
 මේ මොහොතේ කළයුතු යහපත
 අත්හැර දමා සිටිනවා
 මුහුද රළින් වැනසී ගිය - මෝඩ වඩුවන් වැන්නේ

12. නුවණැතියා මරණින් මතු ලබන උපත ගැන
 පළමුව සලකා යහපත කළයුතු වන්නේ

මුලින් ම කළයුතු යහපත පසුව කරන්නට සිතා
අත්හැර සිටියෝතින් - ලෙඩ දුක් කරදර ඇති වී
ඒ සියල්ල අතපසු වී යන්නේ
එනිසා විමසා හැමවිට - යහපත කරනා නුවණැතියා
මුලින්ම යහපත කරයි - තමාට එය අතපසු වී නොයයි

මෙය වදාළ භාග්‍යවතුන් වහන්සේ "මහණෙනි, අනාගතයේ විය හැකි අනතුර නොසලකා, මේ මොහොතේ ලැබෙන ලාභයට පමණක් ගිජු ව දේවදත්ත කටයුතු කළේ අද පමණක් නොවේ. පෙර ආත්මයෙත් ඒ විදිහ ම යි. ඔහුගේ වචනය හරි ය කියා පිළිගෙන වැඩ කළ පිරිසත් ඔහු සමග ම විනාශයට පත් වුණා. මහණෙනි, එකල මෝඩ වඩු නායකයා ව සිටියේ දේවදත්ත. දකුණු දිශාවේ සිට බොරු කී අදැහැමි දෙවියා ව සිටියේ කෝකාලික. උතුරු දිශාවේ සිට ජනයා කෙරෙහි අනුකම්පාවෙන් සත්‍යය පැවසූ දැහැමි දෙවියා ව සිටියේ අපගේ සාරිපුත්තයෝ. පිරිසත් සමග සිය දිවිය ද බේරාගත් වඩු නායකයා ව සිටියේ මා ය" කියා භාග්‍යවතුන් වහන්සේ මේ ජාතකය නිමවා වදාළා.

04. කාම ජාතකය

කැමති දේ නොලැබීමෙන් දුකට පත් බමුණාගේ කතාව

පින්වතුනේ, පින්වත් දරුවනේ,

ජීවිතයේ යම් යම් ඕනෑඑපාකම් ඉටුකරගැනීමේ අපේක්ෂා කාටත් තියෙනවා. තමා පතා සිටි දේ ඉටුවීමෙන් ඔහු තුළ බලවත් සතුටක් සොම්නසක් හටගන්නවා. හැබැයි ඒ පැතූ දේ සිය දෑස් ඉදිරියේ ම නැති වී ගියොත් උසුලාගත නොහැකි ශෝක දුකකුත් හටගන්නවා. එවන් ශෝක දුකකට පත් බ්‍රාහ්මණයෙකුට භාග්‍යවතුන් වහන්සේ විසින් ධර්ම දායාදය ලබාදුන් අයුරු යි මේ කතාවෙන් කියවෙන්නේ.

ඒ දිනවල අප භාග්‍යවතුන් වහන්සේ වැඩවාසය කොට වදාළේ සැවැත් නුවර ජේතවනයේ. දිනක් භාග්‍යවතුන් වහන්සේ සැවැත් නුවරට පිඬුසිඟා වඩිද්දී අචිරවතී නදී තෙර අසළ මාවතෙන් වැඩියා. ඒ කාලයේ අචිරවතී නදී තෙර කුඹුරක් සකසා ගැනීමේ අදහසින් එක් බ්‍රාහ්මණයෙක් වල් කොටමින් සිටියා. මේ බ්‍රාහ්මණයාට ධර්මාවබෝධයට පින් ඇති බව භාග්‍යවතුන් වහන්සේ බුදුඇසින් දැක වදාළා. එහෙත් එයට තව කල් තියෙනවා.

ඉතින් එදා භාග්‍යවතුන් වහන්සේ වඩිනා මගින් බැහැර ව බමුණා සමග සුහද කතාබහේ යෙදුණා. 'හෝ... බ්‍රාහ්මණය, කුමක්ද ඔය කරන්නේ?' 'අනේ භවත් ගෞතමයෙනි, මං මේ කුඹුරු කෑල්ලක් හදාගන්ට බිම සකසනවා.' 'හොඳා බ්‍රාහ්මණය, කුඹුරක් කිරීම බොහොම හොඳ දෙයක් නොවැ.'

භාග්‍යවතුන් වහන්සේ මෙසේ කුඹුර ලියැදි බඳින කාලෙත්, සී සාන කාලෙත්, වැට බඳින කාලෙත්, වපුරන කාලෙත් නැවත නැවත වැඩම කොට බමුණා හා කතාබස් කරමින් සතුටු සාමීචියේ යෙදුණා. වපුරන දවසේ භාග්‍යවතුන් වහන්සේ සමග පිළිසඳර කතාවෙන් පසු ඔහු මෙසේ කීවා. "භවත් ගෞතමයෙනි, අද මයෙ වප් මඟුල් දවස. අස්වැන්න නෙළාගත් විට මං හිතාන ඉන්නේ බුද්ධ ප්‍රමුඛ සංඝයාට අග්‍රශස්‍ය දානයක් පූජා කරගන්නයි." එතකොට භාග්‍යවතුන් වහන්සේ ඒ ඇරයුම නිහඬ ව ඉවසා වදාළා.

දැන් ගොයම සරුයි. කරල් බණ්ඩි සැදී කිරි වැදී රන්වන් පාටින් පැසීගෙන එනවා. එදා බමුණා ගොහින් හමනා සුළඟින් තාලයට නැවී නැවී තිබෙනා කරළින් බර ගොයම දැක සතුටින් පිනා ගියා. භාග්‍යවතුන් වහන්සේත් එතැනට වැඩියා. "බ්‍රාහ්මණය, අද මොකක්දෑ කරන්නේ?" "භවත් ගෞතමයෙනි, මං මේ බලාන ඉන්නේ කරල් පැසීගිය ගොයමේ හැඩ!"

එදා බ්‍රාහ්මණයා ගෙදර ගොහින් මෙය හිතුවා. 'භවත් ගෞතමයන් පාරේ වඩින හැම වතාවෙම මයෙ කුඹුරටත් වඩිනවා. මා සමග සතුටු සාමීචියේ යෙදෙනවා. මං

උන්නාන්සේව ගෙදරට වැඩමවාගෙන අනිවාර්යයෙන් ම ආගන්තුක දානයකින් සංග්‍රහ කරන්ට ම ඕනෑ' යි සනිටුහන් කරගත්තා. භාග්‍යවතුන් වහන්සේ එදා නිවසටත් ගොඩවෙලා වැඩියා. බ්‍රාහ්මණයා තුළ තව තවත් විශ්වාසය වැඩිවුණා.

'හෙට ගොයම් කපන්ට තියෙනවා නොවැ' කියා බ්‍රාහ්මණයා ගොයම් කැපීමට සියල්ල සූදානම් කරගත්තා. එදා රාත්‍රියේ අචිරවතී නදියට උඩින් ඈත කන්දට මහා ධාරානිපාත වර්ෂාවක් ඇදහැලුණා. රෑ එළිවෙනතුරා වර්ෂාව වැස්සා. නදිය දෙගොඩ තලා ගියා. මහා ගංවතුරක් ආවා. වේගවත් සැඩපහරට නදී තෙර කුඹුරේ එක ගොයම් ගසක්වත් ඉතුරු වුණේ නෑ. සියලු ගොයම් ගැලවී ගසාගෙන ගියා.

එදා රෑ බ්‍රාහ්මණයාට නින්දක් නෑ. උදේ ම කුඹුර බලන්ට දුවගෙන ගියා. වේගවත් ජල පහරින් විනාශ වී ගිය කුඹුර දෙස බලා සිටි ඔහුට ප්‍රකෘති සිහියෙන් ඉන්ට බැරුව ගියා. ළයෙහි අත් ගසමින් හඬ හඬා නැවත නිවසට දිව්වා. ඇඳේ වැතිරී විලාප තියන්ට පටන් ගත්තා.

එදා භාග්‍යවතුන් වහන්සේ භික්ෂු සංඝයා සමග සැවැත් නුවර පිඬුසිඟා වැඩම කොට, දානයෙන් පසු සංඝයා වෙහෙරට පිටත් කරවා, තමන් වහන්සේ පසු ශ්‍රමණයෙකුත් සමග බ්‍රාහ්මණයාගේ නිවස ඉදිරියට වැඩම කළා. 'අනේ මගේ මිත්‍ර භවත් ගෞතමයෝත් වැඩම කළා නොවැ. මොනතරම් දෙයක් ද!' යි කියා අසුනක් පැනෙව්වා. භාග්‍යවතුන් වහන්සේ නිවසට වැඩම කොට බමුණා අමතා වදාළා.

"බ්‍රාහ්මණය, මොකද ඔය? බොහෝ වෙහෙසටත් සංතාපයටත් ශෝකයටත් පත්ව දුර්වල ව සිටින්නේ මන්ද?"

"අනේ භවත් ගෞතමයෙනි, තමුන්නාන්සේ දැක්කා නොවැ මං අචිරවතී නදී තෙර වල් කොටා කුඹුරක් හැදුවා. කුඹුර අස්වද්දන කාලෙ මං හිතාන උන්නේ ගොයම් කැපූ ගමන් තමුන්නාන්සේව මයෙ නිවසට වැඩමවා අග්‍රශස්‍ය දානයක් පූජා කරගන්නවා ම කියලයි. අයියෝ... එහෙත් බලන්ට සිදුවුණු විපැත්තිය! උඩහට මහා ධාරානිපාත වැසි වැහැලා මහා දරුණු සැඩපහරක් ඇවිත් ගොයමෙ ගසාගෙන ගියා නොවැ. අපූරුවට රන්වන් පාටින් බැබළී තිබුණු එක ගොයම් ගසක් දැන් නෑ. හපොයි... ගැල් සියයක විතර වී මට නැතිවුණා. කිසිවක් ඉතුරු වුණේ නෑ. අනේ මට මේ දුක උහුලාගන්ට හරිම අමාරුයි."

"කිම බ්‍රාහ්මණය, නැසීගිය දෙයක් ගැන ශෝක කරන විට, ඒ ශෝක කිරීම හේතුවෙන් නැසුණු දෙය ආපසු හැරී ළඟට එනවා ද?"

"නෑ භවත් ගෞතමයෙනි, මා කොතරම් හඬා වැලපුණත් ඒ ගොයම් නම් ආපසු එන්නේ නෑ."

"එහෙනම්... ඇයි මෙතරම් ශෝක කරන්නේ? ධන ධාන්‍ය කියන දේවල් සරුවට අස්වනු දෙන කාලෙට අස්වනු දෙනවා තමයි. නැසෙන කාලෙටත් නැසී යනවා. නොනැසෙන ස්වභාවයට අයත් කිසිවක් මේ හේතුඵල දහමෙන් හටගත් ලොවේ දකින්ට ලැබෙන්නේ නෑ. නැසෙන දහමට අයත් දේ නැසී ගියා! ඒ ගැන එතරම් සිතන්ට ඕනැන්නේ නෑ" කියා භාග්‍යවතුන් වහන්සේ

කැමති දේ නොලැබීම නිසා දුකට පත්වෙන අයුරු කියවෙන කාම සූත්‍රය දේශනා කොට වදාළා. ඒ දෙසුම අවසන් වන විට බ්‍රාහ්මණයා සෝවාන් ඵලයෙහි පිහිටියා. බ්‍රාහ්මණයාගේ ශෝක දුක නැතිවුණා. ජීවිතයේ සත්‍ය ස්වභාවයට මුහුණ දීමේ ධෛර්යය සිතෙහි පිහිටියා.

භාග්‍යවතුන් වහන්සේ විසින් අසවල් බ්‍රාහ්මණයාගේ ළයෙහි ඇනී රිදුම් දිදී තිබුණ ශෝකහුල උදුරා දමා ඔහුගේ සිතෙහි මහත් සැනසීමක් උදාකළ බව මුළු සැවැත් නුවර ම පැතිර ගියා.

එදා දම්සභා මණ්ඩපයෙහි රැස්වූ භික්ෂූන් වහන්සේලාත් මේ ගැන කතාබහේ යෙදුණා. 'අනේ ඇවැත්නි, බලන්ට... අප භාග්‍යවතුන් වහන්සේ කොතරම් නම් දයානුකම්පා ඇති සේක් ද! ඒ බ්‍රාහ්මණයාට බලවත් දුකක් උරුම වන බව කලින් ම දැන ඒ අවස්ථාවේ පිහිටට ඉදිරිපත් වීම පිණිස වේලාසනින් ම ඔහු හා මහත් විශ්වාසවන්ත මිතුරුදමක් ඇතිකරගත්තා නොවැ. එනිසා ම භාග්‍යවතුන් වහන්සේ වදාළ දහමට ඇහුම්කන් දෙන්ට ඕනෑකමක් බ්‍රාහ්මණයා තුළත් ඇති වුණා. එනිසා ම යි ශෝක දුක නිවාගෙන දහම් ඇස උපදවා ගන්ටත් ඔහුට භාග්‍යය ලැබුණේ.'

ඒ අවස්ථාවේ භාග්‍යවතුන් වහන්සේ එතැනට වැඩම කොට වදාළා. භික්ෂූන් වහන්සේලා තමන් කතා කරමින් සිටි කරුණ භාග්‍යවතුන් වහන්සේට සැලකළ විට භාග්‍යවතුන් වහන්සේ මෙය වදාළා. "මහණෙනි, මා ඒ බ්‍රාහ්මණයාගේ ශෝක දුක නිවා දමා සහනය සලසා දුන්නේ මේ ආත්මයේ පමණක් නොවේ. මින් පෙර

ආත්මයකත් මං ඔහුගේ චිත්ත පීඩාව දුරු කළා" යි මේ කාම ජාතකය වදාළා.

"මහණෙනි, ගොඩාක් ඈත අතීතයේ බරණැස් පුර බ්‍රහ්මදත්ත රජ්ජුරුවන්ට පුත්‍රයෝ දෙදෙනෙක් සිටියා. එයින් වැඩිමල් පුතුට යුවරාජ පදවිය දුන්නා. බාල පුත්‍රයාට සෙන්පති පදවිය දුන්නා. ටික කලකින් රජතුමා කලුරිය කළා. එතකොට ඇමතිවරු වැඩිමල් යුවරාජ පුත්‍රයාව අභිෂේක කොට රාජ්‍යත්වය පැවරීමට සූදානම් වුණා. නමුත් ඔහු එයට කැමති වුණේ නෑ. "මට රජකම භාරගෙන කටයුතු කරන්ට කැමැත්තක් නෑ. සෙන්පති තනතුර හොබවන අපගේ මලණුවන්ට දෙන්ට" කියා කීවා. එතකොට කණිටු කුමරා ඇමතිවරුන් හා එක්ව නැවත නැවතත් රාජ්‍යය භාරගන්ට කියා යුවරජුගෙන් ඉල්ලා සිටියා. ඒ හැම අවස්ථාවේ ම ඔහු එය ප්‍රතික්ෂේප කළා. කරන්ට දෙයක් නැති තැන කණිටු සෙන්පති කුමරු රජකමේ අභිෂේක කළා. ඊට පස්සේ ඇමතිවරු වැඩිමල් කුමරුට අඩුගණනේ යුවරජ පදවියවත් භාරගන්ට කීවා. ඒකටත් බෑ කීවා. එහෙම නම් රජමැදුරේ වාසය කරමින් රාජ භෝජන වළඳමින් සැපසේ වාසය කරන්ට කීවා. එතකොට ඔහු 'මං නගරයේ වාසය කරන්ට කැමති ම නෑ. පිටිසර පළාතකට ගොහින් පාඩුවේ ඉන්නවා' යි කියා පිටිසර පළාතකට ගොස් සිය පවුලේ අය සමග කර්මාන්ත කටයුතු කරමින් සාමාන්‍ය ජීවිතයක් ගෙවන්ට පටන් ගත්තා.

කලක් යනවිට මේ තැනැත්තා රාජකුමාරයෙක් බව ගම්මු දැනගත්තා. ඊට පස්සේ ඔහුට වැඩ කරන්ට දුන්නේ නෑ. රාජකුමාරයෙකුට සලකන අයුරින් ආදර සත්කාර

කරන්ට පටන් ගත්තා. රාජ සේවකයෝ කුඹුරුවලින් බදු අය කරන්ට ඒ ගමට ආ වෙලාවේ ගමේ සිටුතුමා ඇවිත් මේ පිටිසර වසන රාජකුමාරයාව මුණගැසුණා. 'අනේ ස්වාමී, අපි තමුන්නාන්සේව පෝෂණය කරනවා නොවැ. කණිටු සොයුරු රජ්ජුරුවන්ට හස්නක් යවා අපව මේ බදු බරින් නිදහස් කරවා දෙන්ට.'

'ඔව්.... ඒ අදහස හොඳා.' යි පිළිතුරු දී 'මං අසවල් සිටු කුලය ඇසුරු කොට සුවසේ වසනවා. මා වෙනුවෙන් ඒ උදවියගෙන් බදු ගැනීමෙන් නිදහස් කරන්ට.' යි කියා හසුනක් යැව්වා. රජ්ජුරුවෝ හස්න බලා ඒ ගම්මානය බද්දෙන් නිදහස් කළා. අවට නියම්ගම් ජනපදවලටත් අසවල් සිටුපුත්‍රයා ඒ ගම බදුවලින් නිදහස් කරගත්තා ය යන ආරංචිය පැතිර ගියා. ඔවුනුත් ඇවිත් මේ පිටිසර වසන වැඩිමල් රාජපුත්‍රයා මුණගැසී 'අනේ කුමරුනි, අපි තමුන්නාන්සේට අපේ බදු දෙන්නම්. අපවත් බදු බරෙන් නිදහස් කරවා දෙන්ට' යි කීවා. එතකොට කුමාරයා නැවතත් ඒ වග රජ්ජුරුවන්ට දැනුම් දුන්නා. රජ්ජුරුවෝ ඔවුන්වත් බදුවලින් නිදහස් කළා.

දැන් සිටුතුමාගේ පුද සත්කාර මැද වසන වැඩිමල් කුමරුට බදු ලැබීම නිසා මහත් ලාභ සත්කාර ඇතිවුණා. ටිකෙන් ටික ඔහු තුළ ලාභ ලැබීමේ ආශාව බලවත් වුණා. කලක් යද්දී තමාට ඒ සියලු ගම් ජනපද පවරා යුවරාජ්‍යය ලබාදෙන්ට කියා හස්නක් යැව්වා. රජතුමා එයත් ලබාදුන්නා. දැන් මොහු සෑහීමකට පත්වීමක් නෑ. සිත ඇවිස්සුණා. මිනිසුන් රැස් කළා. "වරෙල්ලා... මිනිසුනේ, ඔය රාජ්‍යය මටයි අයිති. අපි ගොහින් රාජ්‍යය

අල්ලා ගනිමු" කියා තමන් ම සේනා සංවිධානය කොට බරණැසට ගොහින් රාජ්‍යය වට කළා.

"එම්බා මහරජ, මට රාජ්‍යය දෙව. නැතිනම් වහා යුද්ධයට සැරසෙව." කියා තමන්ගේ කණිටු සොයුරු මහරජුට හස්නක් යැව්වා. රජතුමා එය කියවා මෙසේ සිතුවා. 'අපගේ අයියණ්ඩි මොනතරම් අඥානයෙක් ද? කලින් රජකමත් එපා කීවා. යුවරජකම දෙන්ට සූදානම් වූ විට එයත් එපා කීවා. රජමැදුරේ ඉන්ට කීවා ම බෑ කීවා. පිටිසරට යන්ට ඕනෑ කීවා. දැන් රාජ්‍යය ඉල්ලා යුද්ධ කරන්ට ලේස්ති වෙනවා. ඉදින් මං යුද්දෙට ගොහින් මයෙ අතින් අයියණ්ඩි මැරුම් කෑවොත් බාල සොයුරා වන මට ම යි නින්දාව. මට රජයෙන් වැඩක් නෑ. ඔහුට ම දෙනවා.' කියා සිතුවා. "අයියණ්ඩි, තොප හා යුද්ධ කරන්ට මට ඕනෑකමක් නෑ. පැමිණ රාජ්‍යය භාරගනීවා!" යි පිළිතුරු හසුනක් යැව්වා.

ඔහු ඇවිත් රාජ්‍යය භාරගත්තා. මෙතෙක් රාජ්‍යය කරමින් සිටි බාල කුමාරයාට යුවරජ පදවිය දුන්නා. එහෙත් සෑහීමකට පත්වුණේ නෑ. තව තවත් රාජ්‍යයන් තමන්ගේ යටතට ගන්ට දැඩි තණ්හාවක් වැඩී ගියා. තනි බරණැස් රාජ්‍යයෙන් සතුටු වෙන්ට බැරුව දෙතුන් රාජ්‍යයක් පතමින් සිට තණ්හාවේ කොණක් පොටක් සොයාගන්ට බැරිවුණා.

එකල්හි සක් දෙව්රජ 'ලොවෙහි මාපියන්ට උවටැන් කරන්නෝ කවරහු ද? දානාදී පින්කම් කරන්නෝ කවරහුද? තණ්හාවට දාස වී සිටින්නෝ කවරහු ද?' යි ලොව බලද්දී අධික තණ්හාවට වසඟ ව සිටින මේ අඥානයා

රජකමෙන් සෑහීමකට පත්වෙන්ට බැරිව තමන්ට හිමිකම් කිව නොහැකි අන්‍ය රාජ්‍යයන් පැහැර ගන්ට කල්පනා කරමින් සිටිනවා නොවැ. මොහුට පාඩමක් උගන්වන්ට ඕනෑ' යි සිතා යොවුන් තරුණයෙකුගේ වේශයක් ගෙන රාජද්වාරය ඉදිරියේ පෙනී සිටියා. 'වෙනත් රාජ්‍යයන් අපගේ බරණැස් මහරජු සතු කොට දෙන්ට පුළුවන් උපාය කෞෂල්‍යයෙන් අනූන බලවත් පුරුෂයෙක් ද්වාරය අසල සිටියි කියා රජුට දැනුම් දෙව්' යනුවෙන් මේ තැනැත්තා රාජපුරුෂයන්ට කියා සිටියා. රාජපුරුෂයෝ රජු වෙත පණිවිඩය ගෙන ගියා.

"ඕහෝ... බොහෝම හොඳා නොවැ.... මා සිතා සිටි ආකාරයේ ම කෙනෙක් ඇවිත් වගේ. හරි හරි... දැන් ම එන්ට කියන්ට." තරුණයා ඇවිත් මෙහෙම කීවා. "නේකශ්‍රීයෙන් විරාජමාන ව වැඩවෙසෙන නරේශ්වරයාණෙනි, නුඹවහන්සේට ජය අත්වේවා!"

"හරි... තරුණය, බොහෝම හොඳා... ඔව්... පැමිණි කාරණාව?"

"දේවයන් වහන්ස, නුඹවහන්සේ සමග පමණක් ම කතා කළයුතු සිව් කන් මන්ත්‍රණයක් කියන්ට අවසර. එය අන් අය නොඅසත්වා!"

සක් දෙවිඳුගේ ආනුභාවයෙන් එතැන සිටි සියලු දෙනා ඒ වචනය ඇසූ ගමන් ඉවත් වුණා. මානවකයා රජු සමීපයේ සිට ගරුසරු දක්වමින් මෙය කියා සිටියා.

"මහරජාණන් වහන්ස, මේ දඹදිව විශේෂ රාජ්‍ය තුනක් තියෙනවා. හප්පා... මහා සරුසාරයි. හරිම දියුණුයි.

මහා ධනවත් මිනිස්සුන්ගෙන් පිරුණු නගර. ඇත්, අස්, රිය, පාබලයන්ගෙන් සම්පූර්ණයි. බොහෝ ධන ධාන්‍ය, පුෂ්පඵල, රන් රිදී ආදිය උපදිනවා.

මහරජුනේ, ඉතින් මා තුළ ඇති අද්භූත ආනුභාවය යොදවා ඒ මහා සාරවත් තුන් රාජ්‍යය ම නුඹවහන්සේගේ පාලනයට ලබාදෙන හැටි මං දන්නවා. ඒ ගැන පමා වෙන්ට නරකයි. මෙතරම් මහා ලාභයක් අත්පත් වෙන්ට යන මොහොතේ ගත යුතු සෑම පියවරක් ම කඩිමුඩියේ වහ වහා ගන්නා සේක්වා!"

"හරි හරි... එම්බා මාණවකය, තොපගේ යෝජනාවට මා ඉතා සතුටුයි. හරි... මං සම්පූර්ණයෙන් ම එකඟයි. ඔව්... මොහොතක්වත් පමා නොවී ඒ තුන් රාජ්‍යය ම අපි සතු කරගත යුතුයි!"

සක් දෙවිඳුගේ ආනුභාවය නිසා 'තා කවරෙක් ද? කොහි සිට ආවෙක් ද? මේ තුළින් තා අපේක්ෂිත ලාභය කුමක්ද?' යනාදී කිසිවක් අසන්ට රජුට අමතක වුණා. රජ කලබලයෙන් ඇමතිවරු රැස් කළා. තුන් රාජ්‍යයක් අල්ලාගන්ට වහා පියවර ගතයුතු ආකාරය ගැන රැස්වීම තියන්ට පටන් ගත්තා. ඒ අතර තුන් රාජ්‍යය අල්ලා දෙන්ට ඉදිරිපත් වූ තරුණයා නොපෙනී ගියා.

රාජ සභාව රැස්වුණා. රජතුමා තමන්ගේ අතට පත් අනපේක්ෂිත වූ තුන් රාජ්‍ය ලාභය ගැන මහත් උනන්දුවෙන් කථා කළා. "ඔව්... ඒ තරුණයා කිවූ හැටියට නම් අපට ඉතාමත් පහසුවෙන් තුන් රාජ්‍යයක් ම අල්ලා ගන්ට පුළුවනි. ඒ නිසා වහාම සේනා සංවිධානය කළ යුතුයි."

"දේවයන් වහන්ස, එතකොට ඒ තුන් රාජ්‍යය කුමක්ද? ඒවා පිහිටා තිබෙන්නේ කොහේද? ඒවායේ රජවරු කවුද? යනාදී විස්තර දැනගනු පිණිස අපට ඒ තරුණයා මුණගැස්සුව මැනව."

"හරි... කෝ...? කෝ...? දැන් ඔහු මෙතන සිටියා නොවැ. කොහේවත් ගියා ද?"

"මහරජුනේ, ඒ මාණවකයාට කිසියම් සත්කාර සම්මානයක් කරවූ සේක් ද? ඔහුට යෝග්‍ය නවාතැනකට යොමු කරවූ සේක් ද?"

රජතුමා නළලේ අත් තබමින් මහත් කණස්සල්ලෙන් යුතුව මෙය කීවා. "ෂැක්... ම... මගේ මේ කලබොලකම නිසා ඒ ටිකවත් කර දෙන්ට බැරිවුණා නොවැ. කොහොමත් එයැයි ඔය ළඟ ළඟ ම ඇති. ඉක්මනින් සොයා බලන්ට. ඈතක යන්ට කලක් නෑ. මුළු නගරයේ ම අඬබෙර ගස්සවා කොහොමහරි ඔහු කැඳවාගෙන එන්ට ඕනෑ. ඔව්... පමා වෙන්ට එපා ඕං... එයැයි වැඩි ඈතක යන්ට බෑ ම යි." ඇමතිවරුන්ගේ මැදිහත් වීමෙන් මුළු බරණැස් නගරයේ ම අස්සක් මුල්ලක් නැර අඬබෙර හසුරුවමින් ඒ පුරුෂයාව සොයන්ට වෙහෙස ගත්තා. සියලු උත්සාහයන් අසාර්ථක වුණා.

"මහරජ... අයියෝ... අපට ඒ දුර්ලභ අවස්ථාව මගහැරුණේ කොහොමදැයි කියා සිතාගන්ටවත් බෑ. කොහෙත්ම ඒ පුරුෂයා හොයාගන්ට නෑ නොවැ. අපි සොයන්ට හැකිතාක් පීර පීරා සොයා බැලුවා. ඇත්තටම කවුද ඔහු?"

"අහෝ...! එතකොට ඔහු නෑ! මේ කිමෙක්ද වුණේ?" යි රජතුමා බලවත් දොම්නසට පත්වුණා. 'අයියෝ... මා සතු වෙන්ට තිබූ ඉතා සරුසාර මහා ධනවත් තුන් රාජ්‍යය ම මට අහිමි වුණා. අනේ... මං ඔහුට කිසිම සංග්‍රහයක් කළේ නෑ නොවැ. නවාතැනක්වත් දෙන්ට බැරිවුණා. වියහියදම් දෙන්ට බැරිවුණා. මට සිතෙන්නේ එයැයිගේ සිත රිදුණා. නැතිනම් ආ ගමන් ආපසු යාවි යැ. වෙන රජෙක් සොයාගෙන ගියාවත් ද?" යි මහා දුකින් නැවත නැවතත් එය ම සිතන්ට පටන් ගත්තා.

ආශාව අධික ව බලවත් වීම හේතුවෙන් කය පුරා දාහයක් හටගත්තා. සිරුරේ දාහය වැඩිවී කුස කැළඹුණා. ලේ බඩයන්ට පටන් ගත්තා. එක් බඳුනක් ඉවත් කරද්දි තව බඳුනක් සිරියහන් ගැබ ඇතුළට ගන්නවා. කිසිම රාජකීය වෛද්‍යවරයෙකුට මොහුට වැළඳුණු රෝගය කුමක්දැයි නිවැරදිව හඳුනා ප්‍රතිකාර කරන්ට බැරුව ගියා. රජතුමා තදබල ලෙස රෝගාතුර වූ බව බරණැස පුරා පැතිර ගියා.

ඒ කාලේ මහා බෝධිසත්වයෝ තක්ෂිලාවේ නැවතී ශිල්ප හදාරා බරණැසට ඇවිත් මව්පියන් සමීපයේ වාසය කළා. රජුගේ රෝගාතුර වීම ඔහුටත් දැනගන්ට ලැබී 'මං කෙසේ හෝ රජතුමා සුවපත් කරන්ට ඕනෑ' යි සිතා රාජද්වාරය වෙත ගොස් රජතුමා සුවපත් කරන්ට තමන් සමර්ථ බව කියා සිටියා. සේවකයෝ යොවුන් වෛද්‍යවරයෙක් ඇවිත් ඉන්නා වග රජතුමාට දැනුම් දුන්නා. එතකොට රජතුමා "වැඩක් නෑ.... දිසාපාමොක් තනතුර හොබවන මහා විරුදාවලී ලත් රාජකීය වෛද්‍යවරුන්ටත් බැරිවුණා නොවැ රෝගයට පිළියමක්

යොදන්ට. තරුණ වෙදෙක් කොහොමෙයි කරන්නේ? ඔහුට වියදම් දී පිටත් කරවාපං."

එය දැනගත් තරුණ වෙදා මෙය කීවා. "අනේ එහෙම කියන්ට එපා! කොටින් ම මේ වෙදකම වෙනුවෙන් මට සතයක්වත් එපා! හුදෙක් බේත්හේත් වියදම විතරක් සැපයීම ප්‍රමාණවත්." රජතුමාට එයත් දැනුම් දුන්නා. "හ්ම්... එහෙනම් එන්ට කියාපං."

තරුණයා ගොහින් රජතුමා වැඳ ගරුසරු දක්වා "මහරජුනි, බිය නොවන සේක්වා! මට නුඹවහන්සේ සුව කරන්ට ඇහැක් වග හොඳටෝම විශ්වාසයි. හැබැයි මේ රෝගය හටගත්තේ කොහොමදැයි පැහැදිලිව කියන්ට ඕනෑ."

"ඕ... ඒක ද...? ඒක තොපට ඕනැන්නෙ නෑ. බෙහෙත් කරන්ට නොවැ ආවේ. බෙහෙත් කරපං."

"දේවයන් වහන්ස, නියමාකාර වෙදකමක් කරන්ට නම් රෝගය උපන්නේ කුමකින් ද කියා එහි මුල සොයා ගන්ට ඕනෑ. ඊට පස්සේ තමයි ලෙඩේ සුව වෙන විදිහට බෙහෙත් පටන් ගන්නේ." එතකොට රජතුමා පිරිස පිටත් කොට වෙදා ළඟට කැඳවා හෙමිහිට කරුණු පැහැදිලි කළා.

"අනේ දරුවෝ... මේ අසනීපය හැදුණේ මෙහෙමයි. ඕං දවසක් දා හොඳ පෙනුම ඇති යස තරුණයෙක් මං බැහැදකින්ට ඈත පළාතකින් ආවා. ඇවිදින් හිටං තුන් රාජ්‍යයක් ම ඉක්මනින් මා සතු කරදෙනවා ය කියා හරි අගේට කීවා.... අනේ... බලාපං වෙච්චි දේ. මට බැරිවුණා නොවැ ඒ තරුණයාට පිළිවෙළකට සලකන්ට. ඔහු ගියා.

වෙන රජෙක් මුණගැසෙන්ට ගියා ද මන්දා. ඒ වෙලාවේ පටන් මගෙ හිතේ ආසාව වැඩිකොමට පපුව හෝස් ගාලා පත්තු වුණා. මුළු සැරීරෙ ම රත්වුණා. මහා දාහයක් උපන්නා. ඉන් පස්සේ තමයි මේ අසනීපෙ හැදුණේ. අනේ දරුවෝ... ඇහැක් නම් මාව සනීප කොරපං."

"දේවයන් වහන්ස, පණිවිඩය ගෙනා ඒ තරුණයා නැවත සොයාගන්ටත් බැරිවුණා. ඒ නගර මොනවාද කියා දන්නෙත් නෑ. ඉතින් ඒ ගැන සිතා කොයිතරම් ශෝක කළත් ඒවා ලබාගන්ට පිළිවෙළක් තියේ ද?"

"නෑ දරුව, මං මෙතෙක් දවස් ශෝක කළා නොවැ. ශෝකය වැඩි වී ලෙඩ වුණා මිසක්කා වෙන යහපතක් වුණේ නෑ."

"ඒකනෙ දේවයන් වහන්ස, ඔය කියාපු නගර ජනපද හිත්පිත් ඇති වස්තූත් නොවේ. උපන් සත්වයාට තමාගේ සිරුර පවා අත්හැර මරණින් මතු වෙනත් ලොවකට යන්ට වෙනවා නොවැ. අනික රාජ්‍ය සතරක් ම නුඹවහන්සේ යටතට ලැබුණා ය කියමු. ඒත් ලැබුණා ය කියා රන් තැටි සතරක බොජුන් ගන්ට ඇහැකි ද? සයන සතරක එක්වර සැතපෙන්ට ඇහැකි ද? ඇඳුම් සතරක් එක්වර අඳින්ට ඇහැකි ද? පාවහන් සතරක් එක්වර පළඳින්ට ඇහැකි ද? රථ සතරෙක එක්වර යන්ට ඇහැකි ද? බැහැ නොවැ. නුඹවහන්සේගේ ම සිතේ උපන් ආශාව අධික වීම යි මේ විපත කළේ. මහරජුනේ, තණ්හාව කියන්නේ මහා භයානක දෙයක්. තණ්හාව කිසිදා මේ සත්වයාට සිව් අපායෙන් නිදහස් වෙන්ට ඉඩ තියන්නේ නෑ." යි කියා එහි ආදීනව දක්වමින් මේ ගාථාවන් පැවසුවා.

01. සතුට පිණිස පස්කම් සුව - ලබනු කැමති කෙනා
බලවත් ආශාවෙන් ඒ ගැන ම සිත සිතා
එය අත්පත් කරගත් විට තදබල සතුටක්
සැබෑවට ම ඔහු තුළ හටගන්නවා
තමන් ආස කළ දේ අත්පත් කරගත් නිසා

02. සතුට පිණිස පස්කම් සුව ලබනු කැමති කෙනා
බලවත් ආශාවෙන් ඒ ගැන ම සිත සිතා
එය අත්පත් කරගත් විට සෑහීමට පත් නොවී
අනුන් අයත් දේ ගන්ටත් ආශා බලවත් වී
කැළඹී ගිය තණ්හාවෙන් ඔහු වෙහෙසට පත්කරයි
ඉඩෝරයට අව් සුළඟින් ක්ලාන්ත වී ගිය
නොසංසිඳෙන පිපාසයක් ඔහු තුළ උපදවයි

03. ගවයාගේ හිස සිඳ මතුවෙන අං දෙක සේ
ඔහු තුළ තණ්හාව වැඩී බලවත් වූ විට
තණ්හාව ම අඟක් වගේ අනුවණයා තුළ
එය මෝර මෝර මහා බරක් හිස මත එනවා
නොසංසිඳෙන පිපාසයෙන් දුක ම විඳිනවා

04. තනි කෙනෙකුට මේ ලෝකේ ගහ කොළ වතුපිටි
කුඹුරු හරකා බාන දැසි දස් කොපමණ දුන්නත්
සෑහීමට පත් නොවනා බව තේරුණ නැණවතා
තණ්හාවට වසඟ නොවී මැදහත් සිතින් විසිය යුතු

05. සයුරු මෙපිට සීමාවේ මහපොළොවට අධිපති වී
මහනුභාව ඇති බලවත් රජා පවා
සයුරෙන් එපිටට තිබෙනා රටවල් ගැන සිත සිතා
තමන්ගෙ රට ගැන සෑහීමට පත් නොවී
පිටරටවල් ජයගන්ට ම පත පතා ඉන්නවා

06. ආශාවෙන් පතනා දේ ලබාගන්ට බැරිවන විට
ඒ ගැන යළි සිත සිතා සතුට නසා ගන්නවා
ඒ සිතන රටාවෙන් බැහැර ව නුවණින් විමසා
ආශාවෙන් උපදින දුක හොඳින් හඳුනගත් විට
ලද දෙයින් සතුටු වී සැහීමට පත්වේ
එබඳු නැණවතා සැප සලසා ගන්නවා

07. තමන් කැමති නා නා දේ ගැන ම සිත සිතා
ආශාවෙන් තැවි තැවී සිටින්ට හොඳ නෑ
නුවණින් විමසා සැහීමට පත්වෙන මිනිසා
තණ්හාවට වසඟ නොවී උතුම් කෙනෙක් වේ

08. මේ ළාමක තණ්හාව පස්කම් සුවයට ම ඇදෙයි
එනිසා එය දමනය කොට ලද දෙයින් සතුටු වී
විසිය යුතුයි කාම සැපට ලෝල නොවී
සයුරක් සේ පැතිර තිබෙන නුවණැති මිනිසා
නොලැබෙන කාමයන් පතා ඒ ගැන සිත සිතා
විසුමක් නම් නෑ කරන්නෙ කිසිදා

09. පාවහන් සදන කෙනා සම්කඩක් සොයාගෙන
වහන් සඟලක් තනාගන්නට එය කපද්දී
වහන් සඟලට සරිලන ලෙස සම් කැබැල්ල ගනියි
එලෙසින් ම නැණවතා තමාගේ පමණට
කම්සුවය අනුභව කරයි
සිත කය වචනයෙන් කිසි පවක් නොකරයි
දිවියේ සැපය විඳ කාමයන් අත්හැර
ලොව්තුරු සුව ලබයි

මෙසේ බෝධිසත්වයෝ රජතුමා තුළ පැවති දැඩි ආශාව දුරු කිරීම පිණිස ගාථා කියමින් සිටියදී

බෝසතුන්ගේ නෙත් යොමු වී තිබුණේ රජතුමාගේ සුදු සේසත දෙසට ය. අර්ථ මෙනෙහි කරමින් තමන් කියූ ගාථාවෙන් උපන් ප්‍රීතිය නිසා සුදු සේසතෙහි තිබූ සුදු පැහැය කෙරෙහි මනාව සිත පිහිටියා. හොඳින් එකඟ වුණා. බෝසතුන් තුළ ඕදාත කසිණ ධ්‍යානය ඇතිවුණා. ධර්මය ඇසූ රජතුමාගේත් රෝගය සංසිඳුණා. සුවපත් වී යහනෙන් නැගිට පිරිස කැඳවා මෙය කීවා.

"මිතුරනේ, මෙය නම් මහා අසිරියක්! මොනතරම් නම් මහා වෛද්‍යවරුන් ඇවිත් මාව සුවපත් කරන්ට මහන්සි ගත්තා ද! වෙදහෙදකම් කළා ද! ඒ එකකින්වත් පලක් වුනේ නෑ නොවැ. නමුත් මේ බලන්ට. නුවණැති යොවුන් වෛද්‍යවරයා දෙස. මොහු තමන්ගේ නුවණ නමැති ඖෂධයෙන් රෝගය සංසිඳුවා මා සුවපත් කළා නොවැ" යි කියා මේ ගාථාව පැවසුවා.

10. පණ්ඩිතයෙනි තොපි කාමයන්හි ඇළුණු සතහට
විපත් සිදුවන අයුරු පහදා ගාථා අටකි කීවේ
ඒ එක් ගාථාවක් දහසක් කහවණු වටිනවා
එනිසා බමුණ තොප පිළිගත මැනව මා දෙන
මේ අටදහසක් කහවණු
තොප පැවසූ ගාථා නම් ඉතා අගෙයි ඉතා අගෙයි

මේ ගාථාවේ දෙවෙනි ගාථාවේ පටන් ගාථා අටකින් ම පැවසෙන්නේ කාමයන්ගේ ආදීනවයන් ය. එසේ කාමයන්ගේ ආදීනව පැවසූ බෝසත් සිතෙහි ද කාමයන් කෙරෙහි ඇල්ම දුරු වූ බව කියමින් මේ ගාථාවෙන් පිළිතුරු දුන්නා.

11. මහරජුනි මා හට සිය දහස් නහුතයකින්වත්
ලැබෙන කහවණු කිසි පලක් නැත්තේ

වහන් තනන්නා ගැන ගාථාව කියන විට
මා තුළ කාමයන් ගැන තිබූ ඇල්ම ද නැතිවුණා
දැන් මාගේ සිත කාමයන් ගැන නොඇලෙයි

එය ඇසූ රජ වඩාත් සොම්නසට පත්ව බෝසතුන්ට ප්‍රශංසා කරමින් මේ ගාථාව පැවසුවා.

12. බලව් පින්වත්නි මේ යොවුන් බමුණානන් දෙස
සියලු ලෝ තතු දන්නා මුනිවරයෙකු බඳු ය
හැම දුක් උපදවන තණ්හාවෙ සැබෑ තතු
වැටහුණොත් යම් කෙනෙකුට
ඔහු නම් ලොව සිටින මහා නැණවතෙක් ම ය

එතකොට බෝධිසත්වයෝ රජතුමාට අප්‍රමාද වීමේ වටිනාකම ගැන දහම් දෙසා අවවාද කොට අහසින් හිමවතට වැඩියා. එහිදී ඍෂි පැවිද්දෙන් පැවිදි ව මෙත්තා, කරුණා, මුදිතා, උපේක්ෂා යන සිව් බඹ විහරණයන් දියුණු කොට වාසය කළා. මරණින් මතු බඹලොව උපන්නා.

අපගේ භාග්‍යවතුන් වහන්සේ මේ ජාතකය වදාරා මෙසේත් වදාළා. "මහණෙනි, මා මින් පෙරත් මේ බ්‍රාහ්මණයාගේ ශෝක දුක නිවා තියෙනවා. එදා තණ්හාවේ වසඟයට පත්ව රෝගාතුර ව අසරණ වූ රජ ව සිටියේ මේ බ්‍රාහ්මණයා. නුවණැති යොවුන් වෛද්‍යවරයා ව සිටියේ මා ය" කියා මේ කාම ජාතකය නිමවා වදාළා.

05. ජනසන්ධ ජාතකය

ජනසන්ධ රජුගේ කතාව

පින්වතුනේ, පින්වත් දරුවනේ,

ලොවෙහි බොහෝ අය තම තමන්ගේ යහපතට හේතුවන දේ ගැන වටහාගැනීමට අදක්ෂයි. ඔවුන් බොහෝ විට කරන්නේ විනෝද වෙමින්, බාහිර කටයුතුවලට යෙදෙමින් දුර්ලභව ලද මිනිස් දිවියේ කාලය අපතේ දැමීම ය. තමන් මිය ගොස් වෙනත් උපතක් කරා යන බවට කල්පනාවක් ඔවුන් තුළ නෑ. කොසොල් රජතුමාත් තමන්ගේ රජ සැප විඳීමට අධික ලෙස කාලය මිඩංගු කිරීම නිසා එහි ආදීනව දක්වමින් භාග්‍යවතුන් වහන්සේ වදාළ ඉතා අනගි උපදේශාත්මක කතාවකුයි මෙහි ඇතුළත් ව තිබෙන්නේ.

ඒ දිනවල අප භාග්‍යවතුන් වහන්සේ වැඩවාසය කොට වදාළේ සැවැත් නුවර ජේතවනයේ. එකල කොසොල් මහරජ තමා ලද යස ඉසුරින් මත් ව, කාම සම්පත්හි ලොල් ව වාසය කළා. ඒ හේතුවෙන් භාග්‍යවතුන් වහන්සේ බැහැදැක වන්දනා කොට සංඝයා පුදා පින් රැස්කර ගැනීමේ දුර්ලභ භාග්‍යය පවා මගහැරුණා. දිනක් රජතුමාට භාග්‍යවතුන් වහන්සේව සිහිපත් වුණා. හීල බොජුන් වළඳා භාග්‍යවතුන් වහන්සේව බැහැදකින්ට ගොස් වන්දනා කොට එකත්පස්ව හිඳගත්තා.

"මහරජ, සෑහෙන දවසකින් නොවැ දකින්ට ලැබුණේ. බොහෝ අතිරේක කටයුතු යෙදුණාවත් ද?"

"අනේ ස්වාමීනී, අපට ඉතින් කොණක් පොටක් නැති රාජකාරි නොවැ. වැඩ... වැඩ... අවසානයක් නෑ. භාග්‍යවතුන් වහන්සේ බැහැදැක වන්දනා කරගන්ටත් වෙලාව වෙන් කරගත්තේ අමාරුවෙන්."

"මහරජ, තථාගත අර්හත් සම්මා සම්බුදුවරයෙකු මුණගැසීම සංසාරගත සත්වයෙකු ලබන අතිශය දුර්ලභ දෙයක්. ඒ බුදුන් මුණගැසීම, බුදුන්ගෙන් අවවාද අනුශාසනා ලැබීම ඊටත් වඩා දුර්ලභයි. එවන් මොහොතක් මගහැරෙන්ට දී වෙනත් කටයුතුවල යෙදී සිටීම තොපට ලාභයක් නොවේ.

මහරජ, රාජකෘත්‍යයෙහි අප්‍රමාදී වීම යනු මව්පියන් විසින් සිය දරුවන් දෙස බලන සේ සතර අගතියෙන් තොර ව රටවැසියාට යහපත සැලසීම යි. දස රාජධර්මයන් නොපිරිහෙළා කටයුතු කිරීම යි. රටක ප්‍රධානයා වන රජතුමා ධාර්මික වීම නිසා ඔහු වටා සිටින සියලු දෙනා ධාර්මික වෙනවා යන්න විස්මයජනක දෙයක් නොවේ. මා වැනි අවවාද දෙන්නෙකු සිටියදී ඉදින් තොප ධාර්මිකව රාජ්‍ය පාලනය කළොත් මහජනයාට යහපත සැලසීම සිදුවන්නේ ම ය. තමන්ට අනුශාසනා කිරීමට නිසි ආචාර්යවරයෙකුත් නැතිව පෙර සිටි නුවණැත්තෝ තමන්ට සිතෙන පරිදි සුචරිත ධර්මයෙහි පිහිටා මහජනයාට දම් දෙසා ඒ පිරිසත් සමග ම දෙව්ලොව උපන්නා නොවැ."

"අනේ ස්වාමීනී, සිය හිතුමනාපේ සුචරිත දහම්හි පිහිටා මහජනයාට ඔවදන් දී පිරිසත් සමග ස්වර්ගපරායණ

වූ නුවණැත්තන්ගේ දිවිය ගැන පහදා දෙන සේක්වා!" යි කොසොල් රජ භාග්‍යවතුන් වහන්සේට ආයාචනා කර සිටියා. ඒ වෙලාවේදී භාග්‍යවතුන් වහන්සේ මේ ජනසන්ධ ජාතකය වදාළා.

ගොඩාක් ඈත අතීතයේ බරණැස් පුර බ්‍රහ්මදත්ත නම් රජෙක් රාජ්‍ය විචාරමින් සිටියා. ඒ රජතුමාගේ අගමෙහෙසිය කුසෙහි මහබෝධිසත්වයෝ පිළිසිඳ ගත්තා. නිසි කල උපන් කුමරුට ජනසන්ධ යන නම ලැබුණා. ජනසන්ධ කුමාරයා තක්සිලාවට ගොහින් ශිල්ප හදාරා නැවත ආපසු පැමිණියා. රජතුමා උත්සවයක් පවත්වා, සිරකරුවන් නිදහස් කොට, ජනසන්ධ කුමරුට යුවරාජ පදවිය පිරිනැමුවා. බඹදත් රජුගේ කලුරිය කිරීමෙන් පසු ඔටුණු පළන් ජනසන්ධ රජතුමා සතර වාසල් දොරටුහිත්, නුවර මැදත්, රජමැදුර ඉදිරිපසත් දන්සැල් හයක් කරවා මුළු දඹදිව සතුටින් උද්දාමයට පත්කරවමින් මහදන් දුන්නා. රටේ වැරදි කරන අය නැතිවුණා. සිරගෙවල් වැසී ගියා. බෙර හසුරුවා මිනිසුන් රැස් කොට යහපත් ඔවදන් දුන්නා. සතර සංග්‍රහ වස්තුවෙන් සංග්‍රහ කළා. තමාත් නිති පන්සිල් රකිමින් පොහොය උපෝසථ සිල් රකිමින් දැහැමිව රාජ්‍යය පාලනය කළා. වරින් වර රටවැසියන් රාජාංගණයට රැස්කරවා "පින්වත්නි, දන් දෙව්. සිල් රකිව්. ධර්මයෙහි හැසිරෙව්. දැහැමිව කර්මාන්ත කටයුතු කරව්. කුඩා කාලයේ පටන් සෙල්ලමට නොඇලී ශිල්ප ශාස්ත්‍ර උගනිව්. උත්සාහයෙන් ධනය උපදවව්. බොරු වංචා නොකරව්. සොරකම් නොකරව්. කේළාම් කියා පිරිස් භේද නොකරව්. සණ්ඩු සරුවල් නොකරව්. මාපිය ගුරුවර කුලදෙටුවන් පුදව්" යනාදී වශයෙන් ඔවදන් දෙමින් මහජනයා යහපතෙහි යෙදෙව්වා.

දිනක් ජනසන්ධ රජතුමා පුන් පොහෝ දවසක උපෝසථ සිල් ගෙන සිය රටවැසියන් තවදුරටත් යහපතෙහි හික්මවනු පිණිස බණ කියන්ට ඕනෑ ය සිතා නගරයේ දහම් බෙර හැසිරෙව්වා. අන්තඃපුර කාන්තාවන් ඇතුළු සියලු නුවරුන් රාජාංගණයෙහි රැස් කෙරෙව්වා. අලංකාර මණ්ඩපයක් මැද පනවන ලද අසුනෙහි වැඩහුන් රජතුමා "ශෝක කිරීමට හේතුවන කරුණුත්, ශෝක නොකිරීමට හේතුවන කරුණුත් තොපට කියමි. පින්වත්නි, මෙය මනාව අසව්." කියා දහම් දෙසුවා.

ඉක්බිති අප භාග්‍යවතුන් වහන්සේ අසංඛෙය්‍ය කල්ප ගණන් සත්‍යය ම පැවසීම හේතුවෙන් අති සුන්දර වූ භගවත් මුව මඬල විවර කොට මධුර මනෝහර මිහිරි සරින් කොසොල් නිරිඳු හට එදා ජනසන්ධ රජු පැවසූ ගාථාවන් මෙසේ වදාළා.

01. එදා බරණැස රජ කළ ජනසන්ධ නම් නිරිඳා
මහජනයාට මෙසේ කීවා, පින්වත්නි දස තැනකදී
කළයුතු යහපත නොකරන අනුවණ තැනැත්තා
මෙහි මෙන්ම පරලොවදිත් පත්වන්නේය දුකට ම

02. කුඩා අවදියේ සිට ශිල්ප ඉගෙනුමට වෙහෙසී
දක්ෂයෙකු වී, වීරියෙන් ධන උපයගන්නට
පමා වූ තැනැත්තා මහලු වයසට ගිය විට
හොඳින් කා බී තුටින් වසනා අන් මහලු අය දැක
අනේ මා පුලුවන් කල ධනය ඉපයූයෙ නැත කියා
ගෙවුණු අතීතය වැළඳ පසුතැවේ සුසුම් හෙළමින්
එනිසා තෙපි දරුවෙනි, කුඩා කල සිට නොමැලි ව
දැහැමි ව ධන ලබන්නට හොඳින් ශිල්ප උගනිවු

03. කුඩා අවදිය මගේ හොඳ ගුරුවරුන් ඇසුරින්
නොයෙක් හොඳ ශිල්පයන් උගන්නට ඉඩ තිබුණා
එදා ඒ ගැන නොසිතා සෙල්ලමෙන් කල් ගෙව්වා
අනේ මට මහලු කල එනිසා උරුම විය දුක
තොප දරුවනි යොවුන් කල, වඩ වඩා විරිය ගෙන
නොයෙක් සිප් හදාරා ධනය උපයාගන්නට
නිසි දැහැමි මං සොයා හොඳින් වීරිය කරපං

04. 'දැන උගත්කම් නැති මං නොයෙක් වංචාවන් කොට
මිනිසුන් රවටමින් ඉඩ ලද සැණින් ගසා කැවෙමි
අල්ලස් රැගෙන රහසේ සුදුස්සන් බැහැර කොට
අහිමියන් හිමියන් කොට බොහෝ පව් රැස් කළෙමි
දැන් මර ඇඳේ වැතිරී නිරයේ උපත පෙනි පෙනී
හඬමින් වැලපෙමින් මනුලොවින් යන මදෙස බලව්'
යන කීම නොකියනු පිණිස දරුවනි පව් නොකරව්

05. 'නොයෙකුත් සතුන් මරමින් දිවි ගෙවා වැද්දෙකු සේ
උණුවෙන සිතක් නැති පහත් රැකියාවන් කොට
ධනය ම සෙව්වා මිස සිතුවෙ නෑ පරලොව ගැන
දැන් මර ඇඳේ වැතිරී නිරයේ උපත පෙනි පෙනී
හඬමින් වැලපෙමින් මනුලොවින් යන මදෙස බලව්'
යන කීම නොකියනු පිණිස දරුවනි පව් නොකරව්

06. 'නැති බැරිකමින් බැටකන අසරණ කුලකතුන්
ධනයෙන් පොළඹවා පහත් ගති පිනවාගෙන
අනුන්ගේ පතිනින් හා වැරදි කම් සුව විඳ
දැන් මර ඇඳේ වැතිරී නිරයේ උපත පෙනි පෙනී
හඬමින් වැලපෙමින් මනුලොවින් යන මදෙස බලව්'
යන කීම නොකියනු පිණිස දරුවනි පව් නොකරව්

07. 'රසවත් කෑම බීම ද තිබුණි මා ළඟ බොහෝ
අසරණ දිළිඳුන්ට සිල්වත් මහණ බමුණන්ට
දානයට කිසිවක් නොදී තනිවම භුක්ති වින්දෙමි
දැන් මර ඇඳේ වැතිරී නිරයේ උපත පෙනි පෙනී
හඬමින් වැලපෙමින් මනුලොවින් යන මදෙස බලව්'
යන කීම නොකියනු පිණිස දරුවනි පව් නොකරව්

08. 'බොහෝ සැප සම්පත් මා ළඟ තිබුණ ද
මහලු ව දුබල වූ මගේ මව්පිය දෙදෙනා
දුකසේ වසන බව දැන ඔවුනට නොසැලකුවෙමි
පවුලේ අය සමග කා බී සතුටු වූ මා
දැන් මර ඇඳේ වැතිරී නිරයේ උපත පෙනි පෙනී
හඬමින් වැලපෙමින් මනුලොවින් යන මදෙස බලව්'
යන කීම නොකියනු පිණිස දරුවනි පව් නොකරව්

09. 'මා කැමති හැම සැප ලබා දීමට බල ඇති
යහපතට මග පෙන්වන නිසි කල ශිල්ප ලැබ දුන්
මගේ ගුරුපියවරු ඉක්ම යන්නට සිතමින්
ඔවුන් දුන් ඔවදන් තඹයකට ගරු නොකළෙමි
මගේ තනි මතයට හිතුමනාපේ වැඩ කොට
දැන් මර ඇඳේ වැතිරී නිරයේ උපත පෙනි පෙනී
හඬමින් වැලපෙමින් මනුලොවින් යන මදෙස බලව්'
යන කීම නොකියනු පිණිස දරුවනි පව් නොකරව්

10. 'මෙලොව පරලොව සෙත, දිවියෙහි සරු නිසරු බව
හොඳින් පෙන්වා දෙන බොහො දහම් දැන උගත්
සිල්වතුන් ගුණවතුන් නිසි කල ඇසුරු නොකළෙමි
ඔවුනට ගරු නොකළෙමි දන් පැන් නොදුන්නෙමි
දැන් මර ඇඳේ වැතිරී නිරයේ උපත පෙනි පෙනී

හඬමින් වැලපෙමින් මනුලොවින් යන මදෙස බලව්'
යන කීම නොකියනු පිණිස දරුවනි පව් නොකරව්

11. 'සිත කය වචනයෙන් සංවර ව වැළකී පවින්
යහපත් දිවි ගෙවන උතුමන් ඇසුර හරි උතුම්
එහෙත් මං පුළුවන් කල ඒ ඇසුර නොලැබුවෙමි
එනිසා ම සිල් ගුණ, දන් පිනක් නැත කෙරුණේ
දැන් මර ඇඳේ වැතිරී නිරයේ උපත පෙනි පෙනී
හඬමින් වැලපෙමින් මනුලොවින් යන මදෙස බලව්'
යන කීම නොකියනු පිණිස දරුවනි පව් නොකරව්

12. මේ දැන් කිවූ කරුණු දරුවනි තොප සිත දරා
නුවණින් අරුත් විමසා කළ යුතුය යහපත
එය ද තොප වහ වහා කරගත යුතු ම ය
නොකළ යුතු වැරදි දෙය වහා දුරු කළ යුතු
ඒ ගුණවතා කිසි කල නෑ ම ය පසුතැවෙන්නේ
මෙලොවත් පරලොවත් සතුටින් ය වසන්නේ

"මහරජතුමනි, එදා ජනසන්ධ රජතුමා මේ කිවූ අයුරින් පොහෝ දවසෙත්, අමාවක දවසෙත්, ජනයා රැස් කොට නිරතුරු අවවාද දුන්නා. මහජනයාත් රජුගේ ඔවදන් හොඳින් පිළිපැද්දා. ඔවුන් අතරින් යමෙක් මිය ගියා ද, ඒ සියලු දෙනා ම දෙවියන් අතර උපන්නා.

බලන්ට මහරජතුමනි, එදා ඒ ජනසන්ධ රජුට අවවාද අනුශාසනා කිරීමට අද මෙන් කවුරුවත් සිටියේ නෑ. තමන් තනිවම යහපත, අයහපත විමසා තේරුම් ගෙන තමාට වැටහෙන අයුරින් දහම පවසා මහජනයාගේ මෙලොව යහපත පමණක් නොව පරලොව යහපතත් සලසා දුන්නා. මහරජතුමනි, එදා මහජනයා ව සිටියේ

අද බුදුපිරිස ම යි. ජනසන්ධ රජ ව සිටියේ මා ය" කියා භාග්‍යවතුන් වහන්සේ මේ ජාතකය නිමවා වදාළා.

06. මහාකණ්හ ජාතකය

බිහිසුණු වෙස් ගත් සක් දෙවිඳුගේ කතාව

පින්වතුනේ, පින්වත් දරුවනේ,

මිනිසුන් පිරිහීමට පත්වන යුගයේ මිය යන අය බොහෝ සෙයින් ම උපදින්නේ සතර අපායේ. මනුලොව මිනිසුන් යහපතේ පිහිටුවන්ට කිසිවෙකුත් නැති අවස්ථාවක මහා බෝධිසත්වයන් සක්දෙව් රජ ව ඉපිද සිටියදී මිනිසුන් තැති ගන්වා යහපත් පින්කම් කෙරුමට පෙළඹවූ ඉතා අද්භූත කතා පුවතක් මෙහි කියවෙන්නේ.

ඒ දිනවල අප භාග්‍යවතුන් වහන්සේ වැඩවාසය කොට වදාළේ සැවැත් නුවර ජේතවනයේ. එදා සවස දම්සභා මණ්ඩපයේ රැස්වූ භික්ෂූන් වහන්සේලා භාග්‍යවතුන් වහන්සේගේ ලෝකාර්ථචර්යාව පිළිබඳ මෙසේ කථා කරමින් සිටියා.

"බලන්ට ඇවැත්නි, අප භාග්‍යවතුන් වහන්සේ ලෝක සත්වයාගේ යහපත පිණිස හැසිරෙන ආකාරය හරිම පුදුමයි. තමන් වහන්සේගේ පහසු විහරණය ගැනවත් බැලීමක් නෑ. ලෝක සත්වයාගේ ජීවිතය සුවපත් කිරීම පිණිස ම යි කැප ව සිටින්නේ.

දැන් බලන්ට. භාග්‍යවතුන් වහන්සේ ශ්‍රී සම්බුද්ධත්වයට පත්ව යම් දිනක ලෝක සත්වයාව සසර දුකින් මුදවන්ට

ඕනෑ ය යන අදහසක් ගත්තා ද, එදා පටන් තවමත් දිගටම කැපවෙන්නේ ඒ අදහස පිණිස නොවැ.

එදා තමන් තනිවම පාත්‍රා සිවුරු ගෙන බෝමැඩින් පිටත් ව දහඅට යොදුනක් මග ගෙවා බරණැස ඉසිපතනයට වැඩියේ පස්වග භික්ෂූන්ට සෙත සදන්ට ම යි. දම්සක් සූත්‍ර දේශනාව පවත්වා කොණ්ඩඤ්ඤයන් වහන්සේ සෝවාන් ඵලයට පමුණුවා, අනාත්ම ලක්ෂණ සූත්‍ර දේශනාවෙන් සියලු පස්වග භික්ෂූන්ට උතුම් රහත් බව ලබාදුන්නා.

නැවතත් උරුවෙල් දනව්වට වැඩියා. තුන්බෑ ජටිලයන් ප්‍රධාන දහසක් ජටිලයන්ට එක්දහස් දෙසිය පනසක් පෙළහර දක්වා ඔවුන් දමනය කොට පැවිද්ද ලබාදී ගයා ශීර්ෂයට කැඳවාගෙන ගොස් ආදිත්ත පරියාය දේශනාව පවත්වා ඒ සියලු භික්ෂූන් රහත් ඵලයෙහි පිහිටුවා වදාළා.

අප මහා කස්සපයන් වහන්සේ ගුරුවරයෙකු සොයා පැමිණෙද්දී භාග්‍යවතුන් වහන්සේ තුන් ගව්වක් පෙරගමන් වැඩම කොට තුන් අවවාදයකින් උපසම්පදාවත් ලබාදුන්නා.

දිනක් දානයෙන් පසු හුදෙකලාවේ ම සැවැත් නුවරින් පිටත් ව සතළිස් පස් යොදුනක් දුර ගෙවා පුක්කුසාති කුලපුත්‍රයාට දහම් දෙසා ඔහුට අනාගාමී ඵලයත් ලබාදුන්නා.

එසේ ම තනිවම තිස් යොදුනක් මග ගෙවා මහවනයට වැඩමකොට ඉතා දරුණු, චණ්ඩ, පරුෂ අංගුලිමාලයන් දමනය කොට, පැවිදි කොට රහත් ඵලය ලබාදුන්නා. එසේ

ම තිස් යොදුනක් මග ගෙවා අලව් නුවර වැඩ අලව් යකු දමනය කොට සෝවාන් ඵලයෙහි පිහිටෙව්වා පමණක් නොව සිඟිති අලව් කුමරු සුවපත් කොට වදාළා. එසේ ම තව්තිසා භවනයෙහි තුන් මසක් වස් වැස අසූ කෝටියක් දෙවියන්ට සෝවාන් ආදී මගඵලත් ලබාදුන්නා.

එසේ ම බඹලොව වැඩමකොට බක බ්‍රහ්මයාගේ මිසදිටු බිඳ දස දහසක් බ්‍රහ්මරාජයින්ට අර්හත් ඵලය ලබාදුන්නා. වසරක් පාසා දඹදිව මහාමණ්ඩලයෙහි හෝ මධ්‍ය මණ්ඩලයෙහි හෝ ඇතුළු මණ්ඩලයෙහි හෝ චාරිකාවේ වඩිමින් බොහෝ මිනිසුන් සරණ සීලයෙහි පිහිටුවා මගඵල ලබාදුන්නා. නාග සුපර්ණාදී අවශේෂ සත්වයන්ගේ යහපත පිණිසත් හැසිරුණා. අනේ ඇවැත්නි, මේ අයුරින් බලනවිට භාග්‍යවතුන් වහන්සේගේ ලෝකාර්ථචර්යාව නම් ලොව වෙන කාටවත් ම සිතා ගන්ට බැරි දෙයක්."

ඒ අවස්ථාවේ අප භාග්‍යවතුන් වහන්සේ දම්සභා මණ්ඩපයට වැඩම කොට වදාළා. භික්ෂූන් වහන්සේලා තමන් කතා කරමින් සිටි කරුණ භාග්‍යවතුන් වහන්සේට සැලකළා. භාග්‍යවතුන් වහන්සේ මෙය වදාළා. "මහණෙනි, තථාගතයන් සම්බුද්ධත්වයට පත්ව දෙව් මිනිසුන්ගේ යහපත උදෙසා හැසිරෙනවා ය යන කරුණ විස්මයජනක නෑ. මහණෙනි, සම්බුදු බව නොලබා සිටියදී බෝසත් අවදියේ පවා ලෝකාර්ථචර්යාවෙහි හැසිරුණා නොවැ." කියා මේ අතීත කතාව ගෙනහැර දක්වා වදාළා.

"මහණෙනි, අතීතයේ කාශ්‍යප සම්මා සම්බුදුරජුන්ගේ බුදුසසුන පවතින කාලයෙහි බරණැස් නුවර උසීනර

නම් රජෙක් රාජ්‍ය විචාරමින් සිටියා. ඒ වෙද්දී කාශ්‍යප තථාගතයන් චතුරාර්ය සත්‍ය ධර්මය දේශනා කොට බොහෝ දෙවි මිනිසුන්ට මගඵල නිවන සලසා පිරිනිවන් පා සෑහෙන කලක් ගෙවී තිබුණා. කාශ්‍යප බුදුසසුන ක්‍රමයෙන් පිරිහෙමින් ගියා. ඒ බුදුන්ගේ ශ්‍රාවක භික්ෂු, භික්ෂුණී, උපාසක, උපාසිකා යන සිව්වණක් පිරිස මෙලොව පරලොව යහපත අමතක කොට සතර අපා භය නොසිතා හිතුමනාපයේ හැසිරෙන්ට පටන් ගත්තා. ඒ නිසා භික්ෂූන්ට ඔවුන් විසින් පිරිය යුතු ගුණධර්ම අමතක වුණා. භික්ෂුණීන්ට ඔවුන් විසින් පිරිය යුතු ගුණධර්ම අමතක වුණා. උපාසක උපාසිකාවන්ටත් ඔවුන් විසින් පිරිය යුතු ගුණධර්ම අමතක වුණා. බ්‍රාහ්මණයන්ට බ්‍රාහ්මණ ධර්මය අමතක වුණා. ඔවුන් හැම දෙනෙක් ම හිතුමනාපයේ ජීවත් වෙන්ට පුරුදු වීමෙන් දසඅකුසල්වලට ම පෙළඹී ගියා. මේ හේතුවෙන් මිය යන යන අය සතර අපායේ උපන්නා.

ඒ කාලේ තව්තිසාවේ දෙව්රජව සිටි සක්දෙව්ඳා අලුතින් දෙවිවරුන්ගේ පහළ වීමක් නැත්තේ මක් නිසාදැයි කල්පනා කොට මනුලොව දෙස නෙත් යොමා බැලුවා. මැරෙන මිනිසුන් සියලු දෙනා ම පාහේ සතර අපායේ උපදින බව පෙනුණා. 'ඕහ්... භික්ෂු, භික්ෂුණී, උපාසක, උපාසිකා යන මේ සිව්වණක් පිරිසගේ නොමනා කටයුතු නිසා බොහෝ දෙනෙකුට කාශ්‍යප බුදුසසුනේ පිළිසරණ අහිමි වී තියෙනවා නොවැ. කසුප් බුදුසසුන වේගයෙන් පිරිහෙන්නේ මුන්දැලා නිසා නොවැ. මං මනුලොව ගොහින් කිසියම් උපායකින් මොවුන් ව භීතියෙන් ත්‍රස්ත කරවා දමනය කොට දහම් දෙසා යළි අස්වසා කසුප්

බුදුසසුන තව දහස් වසරක් කල් පවත්නා නියායෙන් කටයුතු කරන්ට ඕනෑ' කියා අදිටන් කරගත්තා.

මනුලොව නරයන් බියවැද්දීමේ කටයුත්තට මාතලී දෙව්පුතුව සහයට ගත්තා. මාතලී දෙව්පුතුව අමුතු ම වෙසක් ගැන්නුවා. දැන් මාතලී දෙව්පුතු කාලවර්ණයෙන් යුතු ආජානේය අශ්වයෙකු තරම් සුවිශාල භයානක සුනඛයෙක්. ඒකාගේ කට දෙපසින් නේත්‍රප්පලං කෙසෙල් ගෙඩි තරමේ මහවිශාල දත් දෙක බැගින් සතරක් පෙරට නෙරා තිබුණා. එයින් රැස් විහිදුණා. දෑස රතුපාට දෙළුම් ගෙඩි වගේ දිලිසුණා. දිව පිටට නෙරා ගියා. රත්මල් මාලයක් ගෙලෙහි දමා තිබුණා. ඒ සුනඛ රූපය කොතරම් බිහිසුණු ද යත්, ගැබිනි මවකට ඒකා දකින්ට ලැබුණොත් දරුගැබ වැටෙනවා. මේ භයානක සුනඛයාගේ ඉදිරිපස දෙපාත්, පසු දෙපාත්, ගෙලත් යන පස්තැනින් දම්වැලෙන් බැඳ, ඒ දම්වැල් පහ තනි මිටට ගෙන බිහිසුණු පුරුෂයෙකුගේ වේශයක් සක්දෙවිඳු ගත්තා. ඔහු එක් කහවතක් හැඳ, එක් කහවතක් පොරවා, කේශ කලාපය පිටුපසට බැඳ, රත්මල් මාලයක් පැළඳ, පබළු පැහැ ගත් මහා දුන්නක් උරෙහි රඳවා, දියමන්ති හුලක් අගට සවි කරන ලද සුවිසල් ගල් ඉන්නක් ඇඟිල්ලෙන් කරකවමින් බරණැසට යොදුනක පමණ මෙපිටින් මනුලොව පහළ වුණා.

"එම්බා නරයෙනි අසව්... දැන් මනුලොව වැනසෙන්ටයි යන්නේ." කියා නගරය නින්නාද කරවමින් තුන් යලක් හඬ නගා කීවා. මිනිසුන් බියෙන් වෙව්ලා ගියා. ඔහු නගර මායිමට ඇවිත් නැවතත් හඬ නගා කිව්වා.

බියෙන් තැතිගත් මිනිස්සු මේ හඬ කොතැනින් ඒ දැයි එළියට ඇවිත් බලද්දී සුනඛයාව දැක්කා. මුළු නගරය ම

කැළඹුණා. උසීනර රජතුමාට මෙය දැනුම් දුන්නා. "වහා ම නගරයේ දොරටු වසාපල්ලා." කියා නියෝග ලැබුණා. එතකොට සක්දෙව්ඳා දහඅට රියන් උස නගර පවුර පැන සුනඛයාත් සමග ඇතුළු නුවරට වැද සිටගත්තා. භීතියට පත් මිනිසුන් මහාහඬින් විලාප දී නිවෙස්වලට රිංගා දොර වසාගත්තා. මහාකණ්හ නමැති යෝධ සුනඛයා වරින් වර මිනිසුන් හඹා යමින් තැතිගන්වමින් රජමාලිගයට ගියා. රජගෙහි රැස්ව සිටි මිනිසුන් භීතියෙන් කෑගසමින් මාලිගයට දුවගොස් රජගෙදර දොර වසාගත්තා. උසීනර රජ අන්තඃපුර ස්ත්‍රීන් කැටුව උඩුමහලට නැග්ගා.

එතකොට මහා කළු යෝධ සුනඛයා තමන්ගේ පෙර පා ඔසොවා දොරපලුව මත තබා දෙදරා යන හඬින් බිරුම් දුන්නා. සුනඛයාගේ බිරුම් නාදය යටින් අවීචිය දක්වාත් උඩින් භවාග්‍රය දක්වාත් මුළු සක්වළ ඒකනින්නාද වෙමින් දෝංකාර දුන්නා. විධුර ජාතකයේ පූර්ණක යක්ෂයාගේ ශබ්දයත්, කුස ජාතකයේ කුස රජුගේ ශබ්දයත්, භූරිදත්ත ජාතකයේ සුදර්ශන නාගරාජයාගේ ශබ්දයත්, මේ මහාකණ්හ ජාතකයේ මහාකණ්හ සුනඛයාගේ ශබ්දයත් යන ශබ්ද සතර දඹදිව සිව් මහා ශබ්දය නමින් ප්‍රසිද්ධියට පත්ව තියෙනවා.

බරණැස්වැසියන් කොතරම් භය වුණා ද යත්, එකිනෙකා කතා කරගන්ට බැරුව ගොළු ව ගියා. රජතුමා පමණක් යාන්තම් සිහි උපදවාගන්ට සමත් වුණා. ජනේලයෙන් පිටත බලා කහවත් පොරවා සිටින අද්භූත මිනිසාට මෙය කීවා. "එම්බා වැද්ද, තොපගේ සුනඛයා බුරන්නේ මක් නිසා ද?"

"මේකාට කුසගිනි බොහෝ ය."

"අනේ එහෙනම් අපි බත් දෙන්නම්." කියා ඇතුළු නුවර මිනිසුන්ට පිසින ලද සියලු බත් දුන්නා. සුනඛයා සියල්ල එක කටට ගිල්ලා. නැවතත් හඬ නගා බිරුම් දුන්නා. එතකොට කසාවත් පෙරවූ අද්භූත මිනිසා මෙය කීවා. "ඕහ්... මේකාට තවමත් බඩගිනියි. තවත් දෙන්ට වේවි." එතකොට ඇත් අස් ආදීන්ට පිසූ සියලු බත් ගෙනැවිත් දුන්නා. ඒ සියල්ලත් එක කටට ගිලදැම්මා. මුළු නගරවැසියන් තමන්ට පිසින ලද සියලු බතුත් ගෙනත් දුන්නා. ඒ සියල්ලත් එක කටට ගිලදමා මහහඬින් ගොරවමින් බිරුම් දුන්නා. උසීනර රජ බියට පත්වුණා. 'ආයෙ දෙකක් නෑ. මේකා සුනඛයෙක් නම් නොවෙයි. භයානක යක්ෂයෙක්. මේකා ආ කරුණු අසා බලන්ට ඕනෑ' යි සිතා ධෛර්යය උපදවාගෙන මේ පළමු ගාථාව පැවසුවා.

01. බිහිසුණු කළු පැහැ දිළිසෙන ඇඟක් තියෙනවා
සුදු පැහැ සිව් දළක් මුවින් පිටට නෙරා තියෙනවා
දුටුවිට මේ සුනඛයාව බියෙන් සිහි නැති වෙනවා
පස් පොළකින් දම්වැල් බැඳ සියතට අරන් තියෙනවා
එඩිතර මිනිසාණෙනි, මේ තොපගේ සුනඛයා
තව මොනවද අපෙන් ඉල්ලන්නේ?

එතකොට සක්දෙවිඳු මේ ගාථාවෙන් පිළිතුරු දුන්නා.

02. එම්බා උසීනර මහරජ, බලව මගේ සුරතලා
උෟරො මුවන් වැනි සතුන්ව මේකට කන්ට ඕන නෑ
මනුලොව මිනිසුන්ගේ මිනීමාළු කන්ටයි ආසා
තව මොහොතින් මගේ අතින් මේකා මිදී යනවා

එතකොට උසීනර රජතුමා භීතියට පත්ව මෙය ඇසුවා. "අයියෝ... එ... එතකොට භවත් වැද්ද, තොපගේ සුනඛයා සියලු ම මිනිසුන්ගේ මස් කනවා ද, නැත්නම් තොපට සතුරුකම් කරන මිනිසුන්ගේ මස් පමණක් කනවා ද?"

"හහ් හා... එම්බා මහරජ, මේකා ද? මේකා... මනුලොව සියලු නර බිලිගන්නේ නෑ. මට සතුරුකම් කරන්නේ යම් නරයෙක් ද, ඒකුන් එකෙක්වත් බේරන්නේ නෑ. එවුන් ඔක්කෝගේ ම රීරිමාංශ මේකා කනවා."

"එතකොට භවත, මනුලොව කවුද තොපට සතුරුකම් කරන්ට ඉන්නා නරයන්?"

"හෑ... එම්බා රජ, තොපට නොපෙනේ ද? ධර්මයට ගරු නොකොට, පස් පව් දස අකුසල් කරනවා. අශීලාචාර ව හැසිරෙනවා. භික්ෂු, භික්ෂුණී, උපාසක, උපාසිකා වෙස් ගෙන උඩඟුකමින් උඩ පැන පැන ඉන්න ගෑණු පිරිමි නොපෙනේ ද? ඕකුන් හැමෝම මයේ සතුරෝ!" කියා සක් දෙව්රජ මේ ගාථාවන් පැවසුවා.

03. මුඩු හිස නම් දිලිසෙනවා යසට සිවුරු පොරවනවා
පාත්‍රයත් අතට රැගෙන ශ්‍රමණ වෙසින් හැසිරෙනවා
සිල් ගුණදම් කිසිවක් නෑ ගොයිතැන් බත් කරනවා
මහණ වෙස් ගත් දුසිලුන් මගේ සතුරන් බව
මේ සතා නම් දන්නවා, මා අතින් මිදෙන මේකා
ඔවුන්ගේ බොටුව සිඳ, කන්ට හොඳ හැටි දන්නවා

04. මුඩු හිස නම් දිලිසෙනවා යසට සිවුරු පොරවනවා
පාත්‍රය අතට ගෙන භික්ෂුණීන් ලෙස ඉන්නවා

සිල් ගුණදම් කිසිවක් නෑ රහසේ පව් කරනවා
බුදුසසුන වනසන ඒ මෙහෙණින් මයෙ සතුරෝ
මේ සතා නම් දන්නවා, මා අතින් මිදෙන මේකා
ඔවුන්ගේ බොටුව සිඳ, කන්ට හොඳ හැටි දන්නවා

05. හිස රැවුල් දිගට වවනවා, ජටා මඬුළු හිස බඳිනවා
නිතර බුලත්විට සපනවා, මැලියම් දතුත් දරනවා
තාපස වෙසින් සිට සල්ලි පොලියට දෙනවා
මේ හැම හොර තවුසන් මගේ සතුරන් බව
මේ සතා නම් දන්නවා, මා අතින් මිදෙන මේකා
ඔවුන්ගේ බොටුව සිඳ, කන්ට හොඳ හැටි දන්නවා

06. රජ සිටු මැති ඇමතිවරුගේ හැම නැකැත් බලනවා
ජනයා මුළා කරමින් ඔවුන්ගේ ධන පැහැර ගන්නවා
වේද මන්තර මතුරා නොයෙකුත් යාග කරනවා
අනුන් රවටා දිවි ගෙවන බමුණන් ය මගෙ සතුරෝ
මේ සතා නම් දන්නවා, මා අතින් මිදෙන මේකා
ඔවුන්ගේ බොටුව සිඳ, කන්ට හොඳ හැටි දන්නවා

07. තමා ළඟ මිල මුදල් හැම පහසුකම් තියෙනවා
මහලු වී දුබල ව ගිය මව්පියන් ඔහුට ඉන්නවා
ඉතා දුකසේ ඔවුන් අසරණ ව වසනවා
එය දැන නොදුටුවා සේ දූපුතුන් හොඳින් ඉන්නවා
ඔවුන් මගෙ සතුරන් වග මේ සතා නම් දන්නවා
ඔවුන්ගේ බොටුව සිඳ, කන්ට හොඳ හැටි දන්නවා

08. මහලු වී දුබල ව ගිය සිය මව්පියන් දෙදෙනා
නොමග යන දරුවන් දැක ඔවුන්ගේ යහපතට
අවවාද කරනවිට 'පාඩුවේ හිටපන්න
තොප මොනවාද දන්නේ?' කියා මාපියන් හට

හෙළා දකිනා දූපුතුන් මගේ සතුරන් වග
මේ සතා නම් දන්නවා, මා අතින් මිදෙන මේකා
ඔවුන්ගේ බොටුව සිඳ, කන්ට හොඳ හැටි දන්නවා

09. මේ ගුරුවරයාගෙ බිරිඳ ය, මේ මිතුරාගෙ බිරිඳ ය
මේ පුංචි අම්මා ය, මේ මගේ නැන්දා ය
මෙසේ ගරු කළයුතු කාන්තාවන් රවටා
ඔවුන් නොමගින් පොළඹවාගෙන වරදෙ යෙදෙනා
පව්ටු පුරුෂයන් මගේ සතුරන් වග
මේ සතා නම් දන්නවා, මා අතින් මිදෙන මේකා
ඔවුන්ගේ බොටුව සිඳ, කන්ට හොඳ හැටි දන්නවා

10. කඩු දුනු හියොවුරු බැඳ මහවනයේ සැඟවෙනවා
පාරෙ යන මිනිසුන් මරා ධනයත් පැහැර ගන්නවා
දරුණු සිතකින් කුරිරු දිවි ගෙවන ඒ නරයන්
මගේ සතුරන් වග මේ සතා නම් දන්නවා
ඔවුන්ගේ බොටුව සිඳ, කන්ට හොඳ හැටි දන්නවා

11. සැමියා මළ බිරියන් හුදෙකලාවේ වසනවා
ඔවුන්ව ද රවටා සැරසී සුවඳ ගල්වා
ඔවුන් වෙත ගොස් පොළඹවාගෙන ධනයෙන්
ඔවුන් වරදට යොදවා ඔවුන්ගේ දේ ම කා බී
'තී දුසිල් ගෑණියකි, හිටපිය මම ලොවට කියමි'
කියමින් ඔවුන් බියකොට තව ධනය පැහැර ගන්නා
ඒ ස්ත්‍රීධූර්තයෝ මගේ සතුරන් වග
මේ සතා නම් දන්නවා, මා අතින් මිදෙන මේකා
ඔවුන්ගේ බොටුව සිඳ, කන්ට හොඳ හැටි දන්නවා

12. සට කපටකම් කරනවා, නැති ගුණ මවා පානවා
පහත් අදහසින් සිට අනුන්ට විපත ගේනවා

බාල වැඩ කරන නරයින් මගේ සතුරන් වග
මේ සතා නම් දන්නවා, මා අතින් මිදෙන මේකා
ඔවුන්ගේ බොටුව සිඳ, කන්ට හොඳ හැටි දන්නවා

"හහ් හහ්... එම්බා මහරජ, දැන් තොපට ඇසුණා නොවැ ඒ? මයෙ සතුරන් කවුද, මිතුරන් කවුදැයි දැනගත්තා නොවැ ඒ? මං කැමති මගේ සතුරන් ව මේකා පැනපු ගමන් කනවාටයි" කියා යෝධ කළු සුනඛයා දම්වැලෙන් නිදහස් කරන අයුරක් පෙන්නුවා. එතකොට සුනඛයා මිනිසුන් වෙත පනින විලාසයෙන් සිටියා. එසැණින් වැදි වෙස් අත්හැර සක්දෙව්රජ දිව්‍ය රාජ වේශයෙන් අහසේ සිටගත්තා. සුනඛයා නොපෙනී ගියා.

"එම්බා මහරජ, මම සක්දෙව්රජ. මනුලොව නරයන් දන්නෙ නෑ, මෙයින් චුත වෙන හැම එකා ම සතර අපායේ යනවා බොල. දෙව්ලොව උපදින්ට එකෙක් නෑ. මේ ලෝකය නැසෙනවා. මට මේ නරයින්නේ පරලොව උපත ගැන දුකයි. මේකුන්ට හොඳින් කීවාට තේරෙන්නෙ නෑ. එනිසයි මෙලෙසින් කියන්ට සිදුවුණේ. දැන්වත් පස් පව්, දස අකුසල් නොකර සිටපං. සමාදන් වෙන පන්සිල් රැකපං. දස කුසල් කරපං. දන් දීපං. ඊර්ෂ්‍යා නොකර සිටපං. මෙත් සිත වඩපං. හැබැයි අදින් පසු මාගේ වචනය නොකළොත් දැනගිය මං කරන දේ! විනෝදෙන් කල් ගෙවන්ට එපා! පරලොව යන්ට කලියෙන් පින් රැස්කර ගන්ට ඕනෑ කියා සිතා ඒ අනුව වැඩ කරපං!" කියා දහම් දෙසා මිනිසුන් ශීලයේ පිහිටුවා, දන් පින්කම්හි යොදවා දෙව්ලොව ගියා. එදායින් පසු නැවතත් සිල්වතුන්ගේ යුගයක් උදාවුණා. කාශ්‍යප බුදුසසුන තව දහසක් අවුරුදු ලොව බැබළුණා.

මෙය වදාළ භාග්‍යවතුන් වහන්සේ "මහණෙනි, මං මේ ජීවිතයේ පමණක් නොවෙයි පෙර ආත්මවලත් ලෝකයාගේ යහපත වෙනුවෙන් හැසිරුණා" කියා වදාළා. "මහණෙනි, එදා සුනඛ වෙස් ගත් මාතලී ව සිටියේ අපගේ ආනන්දයෝ. මිනිසුන්ට අවවාද දී යහ මගට ගත් සක්දෙවිඳු ව සිටියේ මා ය" කියා මේ ජාතකය නිමවා වදාළා.

07. කෝසිය ජාතකය
08. සුධාභෝජන ජාතකය

කෝසිය ජාතකයත්, සුධාභෝජන ජාතකයත් උම්මග්ග ජාතකයෙහි මෙණ්ඩක ප්‍රශ්නයෙහි එන්නේය.

09. මහාපදුම ජාතකය

මහාපදුම නම් බෝසත් කුමරාගේ කතාව

පින්වතුනේ, පින්වත් දරුවනේ,

ඒ ඒ සත්වයන් සංසාරගත බැඳීම් සහිතව මෙන් ම, සංසාරගත වෛරී සිතිනුත් සසර සැරිසරා යනවා. ඒ වග භාග්‍යවතුන් වහන්සේ වදාළ ධර්මය තුළින් ඉතා පැහැදිලිව දකින්ට ලැබෙනවා. එනිසා මිතුරන්ගෙන් සෙතත්, සතුරන්ගෙන් විපතත් ලැබීම අප වැනි සාමාන්‍ය මිනිසුන්ට පමණක් නොව මහා බෝධිසත්වයන් වැනි උදාර සත්වයන්ට පවා පොදු දෙයක්. කොටින් ම ශ්‍රී සම්බුද්ධත්වයට පත් අප භාග්‍යවතුන් වහන්සේට සතුරුකම් කළ, කෙණෙහිලිකම් කළ, නින්දා අපහාස කළ සියලු දෙනාමත් ඔවුන්ගේ ම දුබලකම් දුරුකරගත නොහැකිව භාග්‍යවතුන් වහන්සේ කෙරෙහි නිකරුණේ ආඝාත බැඳ පසුපසින් ආ වග පැහැදිලිව පේනවා. මෙය එබඳු කතාවකි.

ඒ දිනවල අප භාග්‍යවතුන් වහන්සේ වැඩවාසය කොට වදාළේ සැවැත් නුවර ජේතවනයේ. ශ්‍රී සම්බුද්ධත්වයට පත් අප භාග්‍යවතුන් වහන්සේත්, ශ්‍රාවක සඟපිරිසත් දඹදිව දිසා අනුදිසාවන්හි චාරිකාවේ වඩිමින් අමා දම් වැසි වස්සවන්ට පටන්ගත්විට බොහෝ දෙවි මිනිසුන්

පෘථග්ජන භාවයෙන් අත්මිදී මාර්ගඵල ලැබූ ආර්යශ්‍රාවකයන් බවට පත්වුණා. මේ හේතුවෙන් භාග්‍යවතුන් වහන්සේටත් ශ්‍රාවක සංඝයාටත් බොහෝ ලාභ සත්කාර උපන්නා. බුදුන් පහළ වෙන්ට පෙර දඹදිව් තලයේ ඉහළින් වැජඹී සිටියේ අන්‍ය තීර්ථක තවුසන්. දැන් ඔවුන් හිරු දුටු කදෝපැණියන් වගේ නිෂ්ප්‍රභාවයට පත්ව සිටියා. ඔවුන්ට තිබූ මහා පිළිගැනීමත්, අධික ලාභ සත්කාරත් අඩු වුණා. මෙය ඔවුන්ට ඉවසිය නොහැකි සිත් වේදනාවට කරුණක් වුණා.

දන් පැන් පුදමින්, සිල් රකිමින් දිවි ගෙවන සැදැහැවත් උවසු උවසියන් කඩමණ්ඩියට හෝ නගරයට ගියවිට අන්‍ය තීර්ථකයන් ඔවුන්ට බනින්ට පටන් ගත්තා. "ආ... මොකදෑ දැන් තමුසෙලා වගක් නැතිව වගේ? ඇයි? අපෙන් ලද උපකාර අමතක ද? ඈ ඕයි... ශ්‍රමණ ගෞතමයන් විතර ද බුදුන්? මොකෝ අපි බුදුවරු නොවේ ය? ඔහේලගෙ බුදුන්ට දුන්නොත් විතරෙයි මහත්ඵල? ඇයි අපට දුන්නොත් මහත්ඵල නැතෙයි? මේ ඕයි... ඔය විකාර අතෑරපං. කලින් වගේ අපවත් පුදාපං." කියා ඔවුන් තමන්ගේ අප්‍රසාදය එළිපිට කියන්ට පටන් ගත්තා. මිනිසුන් පිළිතුරු දෙන්ට ගියේ නෑ. ඔවුන්ගේ හැටි දන්නා නිසා නිශ්ශබ්ද වුණා.

අන්තිමට බැරි තැන අන්‍ය තීර්ථක තවුසන් රහසේ රැස්වුණා. භාග්‍යවතුන් වහන්සේගේ සිල්වත් ජීවිතය පිළිබඳ ඇති කීර්තිනාමයට කැළැල් කොට ලාභ සත්කාර, පිළිගැනීම් නැසිය යුතුයි කියා කතිකා කරගත්තා.

ඒ කාලයේ සැවැත් නුවර චිංචා නමින් තරුණ තාපසියක් වාසය කළා. ඇය දෙව්ලියක බඳු උතුම් රූප

ශෝභාවෙන් යුක්තයි. රන් පැහැයෙන් බබළනවා. එදා රැස්වීමට පැමිණි අන්‍ය තීර්ථකයන්ගෙන් එක් තවුසෙක් මේ යෝජනාව කළා. "මිතුරනි, අපේ චිංචාව යොදවා ශ්‍රමණ ගෞතමයන් පිළිබඳ නින්දා කතාවක් උපදවා ඔහුගේ ලාභ සත්කාර සිඳින්ට බැරි ද?"

"ඒ අදහස නම් යසයි. ඒත් චිංචාව පොළඹවා ගන්ට එපායැ මේ වැඩේට."

මෙසේ කතිකා කරගෙන සිටින අතරේ දිනක් චිංචා මාණවිකාව තීර්ථකයන්ගේ ආරාමයට ගොස් ඔවුන් වැඳ පසෙකින් සිටගත්තා. තීර්ථකයෝ ඇය නුදුටුවා වගේ සිටියා. වචනයක් දෙඩුවේ නෑ. "අහෝ ස්වාමීනී, මා අතින් යම් වරදක් වූවාවත් ද? කිසිවක් නොදොඩා ඉන්නේ මන්ද?" කියා ඇසුවා. ඒත් තවුසන්ගෙන් පිළිතුරක් ලැබුණේ නෑ. ඇය තුන් යලක් ම වැඳ වැඳ තමාගෙන් වූ වරද කියන්නැයි බැගෑපත් ව ඉල්ලා සිටියා.

"ඇයි නැගණිය, තී දන්නෑ? ශ්‍රමණ ගෞතමයන් නිසා අපට මොනතරම් ගැහැට ද? දැන් අපට පිළිගැනීමක් නෑ. දානමානයක් නෑ. ඇයි මේ වග තී දන්නැද්ද?"

"අනේ දන්නවා ස්වාමීනී, එහෙත් මක් කරන්ට ද? මයෙන් සිදුවිය යුතු යමක් තියේ නම් කියන්ට."

"මෙහෙමනේ නැගණිය, ඉදින් තී අපි සැපසේ වසනවා දකින්ට කැමති ඇති නොවැ. ශ්‍රමණ ගෞතමයන්ගේ කීර්තිය නැසෙන සේ නින්දාවක් උපදවාපං. ඔහුගේ ලාභ සත්කාර නසාපං. ඒ ඇති!"

"හරි ස්වාමීනී, ඒ වැඩේ මට බාරයි. ඔහේලා ඒ වග සිතන්ට ඕනැන්නේ නෑ." කියා තවුසන් වැඳ පිටත් වුණා.

එදා පටන් චිංචි මාණවිකාව වෙනස් ගැණියක් වුණා. සැදැහැවත් උපාසිකාවකගේ වෙස් ගෙන ස්ත්‍රී මායාවන් දක්වන්ට පටන් ගත්තා. සැවැත් නුවර වැසියන් දහම් අසා දෙව්රමින් පිටවෙන සවස් යාමයේ ඈය රතිඳුගොව්වන්ගේ පැහැගත් පටසළුවක් පොරවා, සුවඳ මල් අතින් ගෙන දෙව්රම දෙසට යනවා.

"ඕං... මේ...? චිංචි නේද මේ අවේලාවේ? කොයිබද තී යන්නේ?"

"අහ්... මයෙ ගමන් පිළිබඳව ඔහේලාට මොටද?" කියා ඈ පිළිතුරු දී ගස්සාගෙන ජේතවනය අසළ ඇති තීර්ථකාරාමයට යයි. රැය එහි පහන් කොට යළි උදයේ, දෙව්රමෙහි රැය ගෙවා යන අයුරක් හඟවා නගරය දෙසට යයි. උදයේ භාග්‍යවතුන් වහන්සේට වන්දනා කරන්ට යන නගරවැසියන්ට ඈයව මුණගැසේ. "ඕං... මේ? ඈ චිංචියේ, ඊයේ සවස නොවැ දෙව්රමට ගියේ? එතකොට ඔහේ රෑ කොයිබද උන්නේ?"

"අනේ මේ... ඔහේලගෙ වැඩක් බලාගෙන හිටියොත් මදි ද? මොකෝ... රුවැති ළඳකට ඉන්ට තැන් නැතුවැයි? දැන් එනවා මයෙ ඉඳුම් හිටුම් හොයන්ට."

කෙමෙන් මාසයක්, අඩමසක් ගෙවී යද්දී තමා ශ්‍රමණ ගෞතමයන්ගේ ගඳකිළියෙහි රැය ගෙවන බවට කතාවක් කියාගෙන යන්ට පටන් ගත්තා. ධර්මාවබෝධය නොලත් පුහුදුන් මිනිසුන් 'ගින්නක් නැතුව දුමක් නගින්ට බෑ නොවැ. මෙහි මොකාක් හරි හේතුවක් ඇති' කියා සැක උපදවා ගත්තා. ක්‍රමයෙන් ඇයගේ උදරය පිටට නෙරී යන අයුරු දිස්වුණා. ශ්‍රමණ ගෞතමයන් නිසා සිය කුසෙහි දරුවෙක් ඇත කියාත් ඇය කියන්ට පටන් ගත්තා.

දැන් නව මසක් පමණ ගෙවී ගියා. එදා අප භාග්‍යවතුන් වහන්සේ ජේතවනයේ දම්සභා මණ්ඩපයෙහි වැඩහිඳ කෙලෙසුන්ගේ ආදීනවත්, සසර දුකින් මිදී ලබන අමා නිවනත් පිළිබඳ මිහිරි බණපදයක් වදාරමින් සිටියා. චිංචි මාණවිකා ගවඇටයකින් තලවා තම අත්පා ඉදිමුවාගෙන, ඇඟෙහි රතුවතක් පොරවා, වෙහෙසට පත් ලීලාවකින් කෙඳිරි ගසමින්, කිසි ලැජ්ජාවකින් තොරව දම්සභා මණ්ඩපයට පිවිස මහජනයාට දැත් දිගුකොට උස් හඬින් කෑගසන්ට පටන් ගත්තා.

"ම්... හ්... මහා ශ්‍රමණයන් වහන්ස, හරි අපූරුවට මේ මහජනයාට බණ දෙසනවා නොවැ. කමෙක් නෑ. තොප නිසා මා කුසෙහි උපන් දරුවා ගැනත් සිතිය යුතු නොවේ ද? දරුවා වදන්ට සූතිකාගාරයක් සකසා ගන්ටත් ඕනෑ. ගිතෙල් තලතෙල් කැඳ බෙහෙත් ආදිය පිළියෙල කරගන්ටත් ඕනෑ. ඒවා ගැන වගක්වත් නැතුව සිටීම හරි නෑ නොවැ. තොපට කරන්ට බැරි නම් වෙනත් උපස්ථායකයෙකුටවත් වැඩේ පැවරිය හැකි නොවේ ද? හැයි මහා ශ්‍රමණය, කෝසල නිරිඳා ඉන්නේ! හැයි අනේපිඬු සිටු! විශාඛා මහෝපාසිකා! මේ අසරණ කෙල්ලට කළයුතු යුතුකම් ගැන පැවසිය යුතු නොවේ ද? වැදුම්ගෙයි කටයුතු ගැන නොසිතීම නම් හරි නෑ." කියා අසූචි පිඩක් ගෙන සඳමඬල දූෂණය කරන්ට වෑයම් කරන්නියක සේ බණ අසමින් සිටි ජනයා මැද භාග්‍යවතුන් වහන්සේට ආක්‍රෝශ පරිභව කළා.

භාග්‍යවතුන් වහන්සේ ධර්ම දේශනාව නවත්වා ඇය ඇමතූ සේක. "සොයුරී... තී පවසන්නේ කුමක්දැයි මෙහි සත්‍ය අසත්‍ය බව තී දන්නීය. මාත් දනිමි."

"ආං හරි... ශ්‍රමණය, තොප විසිනුත් මා විසිනුත් දතයුත්ත දන්නවා නොවැ." එතකොට භාග්‍යවතුන් වහන්සේ නිහඬ වූ සේක. එකෙණෙහි ම සක්දෙවිඳුගේ අසුන උණුසුම් විය. මේ කිමෙකැයි බලද්දී අප භාග්‍යවතුන් වහන්සේට පච්කාර ස්ත්‍රියක් නින්දා අපහාස කරමින් සිටින අයුරු දැක්කා. 'මෙකරුණෙහි සැබෑ තතු ලොවට හෙළි කර දෙන්ට ඕනෑ' යි දෙව්පුතුන් සිව් දෙනෙකු හා වහා දෙව්ලොවින් නොපෙනී ගොස් මීවෙස් ගෙන චිංචි මාණවිකාගේ ව්‍යාජ කුසට පිවිස එක්පහරින් ඔතන ලද සියලු ලණු සිඳ දැම්මා. ඇය පොරවා සිටි රතු සළුව සුළඟින් ගිලිහී වැටීමත් සමග දර පුරවා සැදූ ව්‍යාජ කුසත් ඇය පාමුල වැටුණා. දරකොට්ටය වැටෙද්දී දෙපා මත වැටීම නිසා ඇගේ පාඇට බිඳුණා. තැතිගත් ඇය දෑස් ලොකු කරගත්තා. කෙස් අවුල් ව ගියා. සිත වික්ෂිප්ත වුණා. මහජනයා මැදින් වේගයෙන් පැන දිව්වා. භාග්‍යවතුන් වහන්සේගේ දෑස්පථයෙන් ඇය නොපෙනී යනවාත් සමග මහපොළොව විවර වුණා. කුලපරපුරෙන් ලද දායාදයක් සේ අවීචියෙන් ගිනිදැල් ඇවිත් වෙළාගෙන ඇය යටට ගෙන ගියා. තීර්ථකයන් විසින් භාග්‍යවතුන් වහන්සේට නින්දා කිරීමට කරන ලද කූඨ සැලසුමක් බව සියලු දෙනා දැනගත්තා. ඔවුන්ට ලැබෙමින් තිබූ ස්වල්ප ලාභයත් නැතුව ගියා. භාග්‍යවතුන් වහන්සේගේ සුපිරිසිදු උදාර සිල් තෙද තව තව පැතිර ගියා.

පසුවදා සවස දම්සභා මණ්ඩපයෙහි රැස්වූ භික්ෂූන් වහන්සේලා මේ ස්ත්‍රිය භාග්‍යවතුන් වහන්සේට ආක්‍රෝශ පරිභව කරන්ට උත්සාහ කොට ඉතා බිහිසුණු ඉරණමකට ගොදුරු වූ පුවත ගැන කණගාටුවෙන් කතා කරමින්

සිටියා. ඒ අවස්ථාවේ එතැනට වැඩම කළ භාග්‍යවතුන් වහන්සේ වදාළේ ඇය මේ ආත්මයේ පමණක් නොව, මින් පෙර ආත්මයකත් මහා බෝධිසත්වයන්ට නින්දා අපහාස කොට විනාශ කරන්ට ගොස් තමන් ම විනාශ වී ගිය බව ය. එය පැහැදිලි කරමින් මෙම අතීත කතාව ගෙනහැර දැක්වූ සේක.

ගොඩාක් ඈත අතීතයක බරණැස බ්‍රහ්මදත්ත නම් රජෙක් රාජ්‍ය කළා. ඒ රජුගේ අගබිසවගේ කුසෙහි මහා බෝධිසත්වයෝ පිළිසිඳ ගත්තා. බෝසත් කුමාරයාට පිපුණ පියුමක් සේ අමුතු සිරියාවකින් දිලෙන මුව මඬලක් තිබුණ නිසා 'පදුම කුමාරයා' යන නම ලැබුණා. කුමාරයා නිසි වයසේ ශිල්ප හදාරමින් සිටියදී මව් දේවිය කලුරිය කළා. එතකොට බඹදත් රජ අන්‍ය බිසවක අගමෙහෙසි තනතුරෙහි අභිෂේක කළා. රජතුමා ශිල්ප අවසන් කොට පැමිණි කුමාරයාට යුවරජ තනතුර පැවරුවා.

දවසක් බරණැස් රාජධානියේ පසල් දනව්වක කැරැල්ලක් හටගත්තා. කැරැල්ල සංසිඳුවීමට රජතුමා පිටත් වෙන්ට සූදානම් වෙද්දී අගබිසවටත් රජු හා යන්ට ඕනෑමයි කීවා. එතකොට රජ යුදබිමේ ඇති ආදීනව නොයෙක් ලෙසින් ඇයට පෙන්වා දී ඇය නවත්වා 'සොඳුරී... අපේ පදුම කුමාරයාට තොපගේ ආරක්ෂාව, උවටැන් ආදී හැම දෙයක් ම බලාගන්ට කියා තිබෙන්නේ. ඒ නිසා සතුටින් ඉන්ට.' කියා පිටත් වුණා. පසල් දනව්ව ආක්‍රමණය කොට සිටි කැරැල්ල මැඩලූ රජතුමා නැවත පෙරළා අවුත් බරණැස නගරයෙන් පිටත කඳවුරු බැන්දා. උත්සවාකාරයෙන් නගරයට පිවිසෙන්ට කටයුතු සූදානම් කළා.

ජයග්‍රාහී පියරජුගේ පැමිණීම වෙනුවෙන් පදුම කුමාරයා බරණැස් නගරය අලංකාර කොට රජගෙදරත් අලංකාර කරවමින් සිටියදී අගමෙහෙසියට උවටැන් කරනු පිණිස හදිසියේ එතැනට තනියම යන්ට සිදුවුණා. ගොස් ඇයට වන්දනා කළා. 'මෑණියනි, මා අතින් ඉටුවිය යුතු සේවාවක් තියේ ද?' යි ඉතා ගෞරව සම්ප්‍රයුක්තව හිස නමා අසා සිටියා.

දුටු දුටුවන්ගේ සිත් වසඟ කරවනසුලු, අතිශය කඩවසම් පෙනුමෙන් යුතු පදුම කුමාරයාගේ යොවුන් කය දැක අගමෙහෙසිය පිස්සු වැටුණා වගේ වෙලා සිටියේ. "හහ්... අනේ!... මේ... මං කැමති නෑ ඕං මට මෑණියන් කියනවාට..." කියා තමා වාඩිවී සිටි අසුනෙන් වේගයෙන් නැගිට පැන බෝධිසත්වයන්ගේ අතින් ඇද 'එන්ට... මේ සයනයෙහි වාඩිවෙන්ටකෝ ඉතින්...' කියා කුමාරයාව ඇඳෙහි වාඩිකරවන්ට මහන්සි ගත්තා.

පදුම කුමාරයා හොඳටම භය වුණා. වහා අත ගසා දමා වන්දනා කරගත්තා. "අ... අනේ මෑණියනි, නුඹවහන්සේ මගේ අම්මා. ඒ වගේම සස්වාමිකයි. අනේ මෑණියනි, මට අනුකම්පා කොට මෙය අහන්ට. මෙතුවක් කාලෙකට මං ක්ලේශ වසඟ වූ සිතින් මගේ මේ ඉඳුරන් අසංවර කොට අන්‍ය ස්ත්‍රියක ස්පර්ශ කොට නෑ. එහෙව් මා විසින් ඉතා ගෞරවාදරයෙන් මාතෘ පදවියෙන් පුදනු ලබන නුඹවහන්සේ වැනි අයෙකු හා කිලිටි ක්‍රියාවක් කොහොම කරන්ට ද?"

ඇයට ඒ කිසිවක් ඇසුණේ නෑ. කුමාරයාගේ කීම ගණන් ගත්තෙ ම නෑ. නැවත නැවතත් කුමාරයාගේ

අතින් ඇද්දා. කුමාරයා අත් ගසමින් ප්‍රතික්ෂේප කළා. බැරිම තැන ඉවතට පැන්නා. "හභ්... එහෙනම් මයෙ වචනය කරන්ට බෑ ඒ?"

"එහෙමයි. මං කිසිදාක කිලිටි ක්‍රියාවක් කරන්ට කැමති නෑ නෑ ම යි."

"ඕහ්... මහා සුද්දවන්තයා ඒ? එහෙනම් මතක තියාගං. රජ්ජුරුවෝ ලවා මං තගේ හිස ගසා දමනවා."

"එහෙමයි. ඒකට කමෙක් නෑ. හැබැයි මා ලවා පහත් වැඩ කරගන්ට බැරි වග සිහියේ තියාගන්ට" කියා ඇට ලැජ්ජා කොට එතැනින් පිටත් ව ගියා.

කුමාරයා ගිය ගමන් ඇය හොඳටම භය වුණා. 'හරි වැඩේ නොවැ වුණේ. දැන් බාගදා මේකා පියාට කියන්ටත් බැරි නෑ. එහෙම වුණොත් මං විනාසයි. ඊට කලින් කරන්ට ඕනෑ දේ මං දන්නවා' යි සිතා "අනේ... මේ... සේවිකාවෙනි, එන්ට. දේවයන් වහන්සේ ඇසුවොත් මට අසනීපෙයි කියා කියන්ට." කියා කෑම බීම නොගෙන කිලිටි වතක් හැඳ තමාගේ ම නියපොතුවලින් ඇඟපත සූරාගෙන ඇඳට වැටුණා.

පදුම කුමාරයාගේ සංවිධාන කටයුතු මැද රජතුමා මහත් හරසරින් නගරය පැදකුණු කොට රජමැඳුරට ගොඩවුණා. දේවිය පේන්ට නෑ. ඇය ගිලන් ව ඇඳට වැටී ඇති වග දැන සිරියහන් ගැබට ගොස් දේවිය කෙඳිරි ගාමින් සිටි යහනේ වාඩි වී "දේවී... ඇයි තොප මේ ගිලන් ව?" එතකොට ඈ කඳුළු වැකි නෙතින් ඉවත බලා නිහඬව සිටියා. කෙඳිරි ගාමින් සුසුම් හෙලීම මිසක්

වචනයක් පිටවුණේ නෑ. රජතුමා දෙතුන් වතාවක් ඇයගේ උරහිසින් ඔසොවා මේ ගිලන් බව කුමක්ද කියා ඇසුවත් පිළිතුරු ලැබුණේ නෑ. ඇය හුස්ම අල්ලමින් හඬනවා.

"ඇයි දේවිය, මට කියන්ට බැරි දෙයක් ද?"

"ම්... ආහ්... දේවයන් වහන්ස... මං... හරී... ම... අසරණ ළඳක්. සිය පණ මෙන් පතිදම් රකින මං වැනි ළඳක්... කොහොම කියන්ට ද... මගෙ ස්වාමී?"

"එහෙම කොහොමෙයි නොකියා ඉන්නේ? වහා ම කියන්ට. ක... කවුද තොපට හදි කළේ? වහා කියන්ට. මං තොපට හදි කළ එකාගේ හිස සිඳවනවා." යි කෝපාවිෂ්ඨ වූ බඹදත් රජු ගිගිරුවා.

"මා හදගැබෙහි කිරුළු දරා සිටින ප්‍රියාදර ස්වාමී මහරජ, නුඹවහන්සේ යුද්ධයට යද්දී මාත් එක්කරගෙන යන්ට කියා කීවා නේද? හරි... කියන්ට එහෙනම්. මේ බරණැස් නුවරත් රජමැදුරත් මගේ උවටැන් කටයුතුත් කාටද භාරදීලා ගියේ කියා කියන්ට එහෙනම්?"

"අපේ පදුම කුමාරයාට නොවැ."

"හහ්... පදුම කුමාරයා... මං නොදන්න කුමාරයා... හනේ... මං නම් නමවත් සිහිකරන්ට ලැජ්ජයි. මං වැඳ වැඳ කීවා... මගේ ආදර පුත්‍රය, පොඩ්ඩක් සිතන්ට මං තොප වැදූ මව් කියා. මා ළයෙහි ඇති පුත්‍ර ස්නේහය කෙතරම් ද? එය දරාගන්ට මයෙ පුත්‍රය..." කියා කියද්දී 'මා හැර මෙහි වෙන කොයි රජා ද ඉන්නේ? මට තී සමග ක්ලේශරතියෙහි යෙදෙන්ට ඕනෑ' කියා මගේ කෙස් වැටියෙන් ඇද මේ යහනයට පෙරලුවා. අහෝ...

මා එයට විරුද්ධ වුණා. මා කැමති ම නෑ කියා තදබල ලෙස විරුද්ධ වෙද්දී මට පහර දී මා සූරා, තලා පෙළා කළ හරිය පෙනේ ද මයෙ රත්‍රං ස්වාමී? කියන්ට මට?"

රජතුමා දේවිය කියන සියල්ල සත්‍යය යැයි අදහාගත්තා. එහි ඇත්ත නැත්ත විමසුවේ නෑ. දණ්ඩෙන් පහර කෑ විෂඝෝර නයෙකු සේ කිපී වෙව්ලා ගොස් රාජපුරුෂයන්ට අණ දුන්නා. "එම්බල පුරුෂයෙනි, වරෙව්... දැන් ම ගොහින් පදුම කුමාරයා පිටිතල හයා අත් බැඳ මා වෙතට පමුණුවව්."

රාජපුරුෂයෝ පදුම කුමාරයාගේ නිවසට ගොස් කුමරු අල්ලා ගත්තා. පිටිතල හයා බැඳ පහර දෙමින් ඇදගෙන ආවා. මෙය නම් නොවැරදී ම දේවියගේ වැඩක් ය කියා කුමාරයාට තේරුණා. "අහෝ... පුරුෂයෙනි, මං කවදාකවත් පියරජතුමාට ද්‍රෝහී වූ කෙනෙක් නොවෙයි. මං නිර්දෝෂී යි" කියා කෑ ගසා කිව්වා. මුළු බරණැස ම කැළඹුණා. එක්තරා ස්ත්‍රියකගේ වචනය අසා මහාපදුම කුමාරයා ඝාතනය කරන්ට නියම වුණා ය කියා ඇසූ සියලු දෙනා කුමාරයාගේ පාමුල වැටී "අනේ ස්වාමී... නුඹවහන්සේ නුසුදුසු දෙයක් කරන්ට ගොසින් කරගත් විපත කුමක්ද?" කියා හඬා වැලපුණා.

කුමාරයා රජු ඉදිරියට පැමිණවූ විට රජුට දේවිය කියූ වදන් ම සිහි වෙවී ආවා. තමන්ගේ සිත ප්‍රකෘති සිහියට නංවා ගන්ට බැරිවුණා.

"හහ්... මේකා එතකොට රජෙක් නොවී සිටියදී ම රාජ ලීලාවෙන් බලහත්කාරකම් කරනවා ඒ? තට පියරජෙක් සිටිනා බව අමතක වුණා ඒ? අගමෙහෙසී මව්ට හදි

කටින්ට ඒ? අරං පලයව් මේකාව. චෝර ප්‍රපාතයෙහි හෙළා නැත්තට ම නැතිකොට දමාපං."

"අනේ පියාණෙනි, මං එවන් අපරාධයක් කළේ නෑ. සිහිනෙකින්වත් කළේ නෑ. අනේ ස්ත්‍රියකගේ බස් අදහාගෙන මාව මරවන්ට එපා!" යි හඬ හඬා කිව්වා.

පියරජුට ඒ කිසිවක් ම ඇසුණේ නෑ. පුත්‍ර කුමාරයාගේ හැඬීම ගණනකට ගත්තේ නෑ. සොළොස් දහසක් ඇතුළු නුවර පුරුෂයනුත් "අහෝ පදුම කුමාරයනි, නුඹවහන්සේ නුසුදුසු දෙයක් කරන්ට ගොහින් මේ විපත කරගත්තා..." කියා හඬ හඬා කීවා.

සියලු ක්ෂත්‍රිය මහාසාල ඇමතිවරු පිරිවරා සියලු ඇමති පිරිවර ජනයා රජතුමා වෙත ගොස් කුමාරයා දණ්ඩනයෙන් නිදහස් කරගැනීමට කරුණු කිව්වා. "අහෝ දේවයන් වහන්ස, ශීලාචාර ගුණසම්පන්න වූ, මහාසම්මත ක්ෂත්‍රීය වංශය රකින්ට තිසි වූ, රජුගේ දායාදය වූ පදුම කුමාරයා ස්ත්‍රියකගේ බස අදහා විනාශයට පමුණුවන්ට එපා!" කියා බැගෑපත් වුණා. රජෙක් වූ විට මෙයට වඩා විමසා බලා පරීක්ෂා කොට ඉවසීමෙන් තීරණයක් ගන්ට ඕනෑ නොවේ ද කියා මේ ගාථාවන් පැවසුවා.

01. කවුරු හෝ පිළිබඳ චෝදනාවක් ලද විට
ඔහු තුළ ඒ කියන කිසි දොසක් නොපෙනේ නම්
කුඩා හෝ මහත් හෝ වරදකුත් නොපෙනේ නම්
එබඳු අයට අනුන් කියන චෝදනා පසෙක තබා
ඒ චෝදනාවල සැබෑ බොරු සෙවිය යුතු ම යි
තමා ම හරි වැරදි වටහාගෙන ම යි
රජෙක් අන් අයට දඬුවම් දිය යුතු

02. එසේ නැතුව යම් රජෙක් චෝදනා ලබන අය ගැන
කිසිවක් නොවිමසා ඇති තතු සොයා නොබලා
කලබලෙන් දඬුවම් දෙයි නම් ඇස් නැති අයෙකු සේ
කටු සහිත බොජුනක් බුදින සේ හේ රජකම් කරයි

03. දඬුවම් ලැබුමට නිසි අය සිටියත්
ඔවුන්ට දඬුවම් ලැබෙන්නෙ නැතිනම්
යහපත් සත්පුරුෂයෙකුට චෝදනා ලද පමණින්
නොවිමසා දඬුවම් කරයි නම්
වලගොඩැලි ඇති විෂම පාරේ යන අන්ධයෙකු සේ
පියවරක් පාසා ඔහු හට අනතුරක් ම යි ඇත්තේ

04. දඬුවමට සුදුසු අය, දඬුවමට නුසුදුසු අය
යන මේ දෙදෙන ගැන හොඳින් විමසා බැලිය යුතු
ඔවුන්ගේ කුඩු මහත් සියලු කටයුතු විමසා
හරි තීරණය මත සිට රජා අනුශාසනා කළයුතු

05. ඕනෑවට වඩා මුදු මොළොක් වෙන රජුටත්
පමණ ඉක්මවා ගිය මහා දරදඬු රජුටත්
නූපන් භෝග සම්පත් උපදවන්ට හෝ
උපන් භෝග සම්පත් රැකගන්ට හෝ
කිසි කලෙකවත් බැ ම යි
රටක සිටියොත් එවන් රජෙක් රටට දියුණුව නෑ ම යි

06. ඕනෑවට වඩා මුදුමොළොක් රජුට ජනයා නින්දා කරයි
ඉවසීම නැති දරුණු රජුට රටවැසියෝ වෛර කරත්
මේ දෙකේ දොස් දැක මැදහත්ව රට කළයුතු

07. රාගයෙන් කැළඹුණු අය බොහෝ නන් දොඩවයි
ද්වේශයෙන් දූෂිත දුෂ්ඨයා බොහෝ නුගුණ ම කියයි

එනිසා දේවයෙනි මෙය හොඳින් සලකා බලා
ස්ත්‍රියගේ බස නොගෙන සිය පුතු නොමැරුව මැන

මෙසේ මැතිඇමති පරිජනයා රජතුමාට කරුණු පහදා දෙන්ට කොතෙක් මහන්සි ගත්තත් සාර්ථක වුණේ නෑ. පදුම කුමාරයා නිවැරදි ය කියා කොයිතරම් කියා සිටියත් ඇත්ත නැත්ත වටහාගන්ට රජුට බැරුව ගියා. "නෑ... මට ඔය බොරු කතාවලින් පලක් නෑ. රාජපුරුෂයිනි, තොප කළයුත්තේ මගේ අණයි. මේකාව ඇදගෙන ගොහින් චෝර ප්‍රපාතයෙන් පහළට තල්ලු කරපං" කියා මේ ගාථාව කීවා.

08. **දැන් බලනකොට හැම රටවැසියොත් මැති පිරිසත්**
මේකාගේ පැත්ත ගෙන එනවා නොවැ පහදවන්ට
එහෙත් මේ ස්ත්‍රිය තනි වී හඬා ඇගේ දුක කියනවා
ඇගේ වචනය ඉටු කරමි මම එම්බා පුරුෂයිනි
මේකා ගෙනගොස් හෙළව් චෝරප්‍රපාතයෙන් පහළට

රජතුමා මෙය කී විට දොළොස් දහසක් රාජස්ත්‍රීන්ගෙන් එක් අයෙකුටවත් පියවි සිහියෙන් ඉන්ට බැරිවුණා. ඒ හැමෝම දන්නවා කුමාරයාගේ සිල්වත් බව. මුළු බරණැස් නුවර වැසියෝ හිස අත්බැඳ කෙස් මුදාහැර හඬා වැලපුණා. "අයියෝ... අපගේ රජ්ජුරුවන් වහන්සේ සිල්වත් කුමාරයාව ප්‍රපාතයෙන් හෙළා මරා දමනවා නොවැ" යි කියමින් දණ්ඩනයට රැගෙන යන කුමරු පසුපසින් ආවා. රාජපුරුෂයෝ කුමාරයාගේ පා අල්ලා හිස යටිකුරු කොට චෝර ප්‍රපාතයෙන් පහළට වීසි කළා!

තමාට සාධාරණ විසඳුමක් නැති වග තේරුම් ගත් කුමාරයා පියරජුටත්, අගමෙහෙසියටත්, දඬුවම් දෙන

රාජපුරුෂයන්ටත් වෙනසක් නොදක්වා දිගටම මෙත් සිත පතුරුවන්ට පටන් ගත්තා. කුමාරයාගේ මෙත් සිතේ ආනුභාවයෙන් පර්වතයට අධිගෘහිත දෙවියෙක් 'පුත්‍රය, භය ගන්ට කාරි නෑ. අප ඉන්නවා නොවැ' යි කියා පර්වතයෙන් පහළට වැටෙන කුමාරයාව දෝතට ගෙන ළයට තුරුලු කොට දිව්‍ය පහස ලබාදී හෙළ පාමුල පිහිටි නාගභවනේ නාරජෙකුගේ විදහාගත් පෙණගොබය මත වඩාහිදෙව්වා. නාගරාජයා පදුම කුමරු නාලොවට ගෙන ගොස් මහත් යස ඉසුරු මැද ඇප උපස්ථාන කළා.

වසරක් පමණ එහි වාසය කළ කුමාරයා නාලොව තවදුරටත් සිටින්ට අකැමති වුණා. "නාගරාජය, මං කැමතියි මිනිස් පියසට ගොහින් වසන්ට."

"එසේ නම් කුමාරය, මනුලොව කවර පෙදෙසකට යන්ට ද සතුටු?"

"හිමාලයට යන්ට ඇත්නම් හොඳා. එහෙ ගොහින් පැවිදි වෙනවා."

එතකොට නාරජ කුමාරයාව හිමාල වනයට පැමිණෙව්වා. පැවිදි පිරිකර පවා ලබාදී සිය නාගභවනට ගියා. මහාපදුම කුමාරයා ඍෂි පැවිද්දෙන් පැවිදි ව ධ්‍යාන සමාපත්ති අභිඥා උපදවාගෙන, වන මුල් ඵලාහාරයෙන් යැපෙමින් සැපසේ වාසය කළා.

දිනක් බරණැසවැසි මිනිසෙක් හිමාල වනයේ හැසිරෙද්දී මහාපදුම තාපසයන්ගේ කුටියට අහම්බෙන් වගේ පැමිණියා. අසාමාන්‍ය රූප සෝභාවෙන් දිලෙන මේ සුන්දර තවුසා දුටු ගමන් පදුම කුමාරයා බව

හඳුනාගත්තා. "හපොයි දෙවියනේ, මේ... මේ අපගේ... සුපින්වත් දේවයන් වූ පදුම කුමාරයා නොවේ ද?"

"එසේය මිත්‍රය, මා ඔහු තමයි."

ඉතින් ඒ මිනිසා තාපසතුමා ළඟ දින කිහිපයක් ගත කොට බරණැසට ගොස් කෙලින් ම රජතුමා දකින්ට ගියා. "දේවයන් වහන්ස, තමුන්නාන්සේගේ උතුම් පුත්‍ර රත්නය අපගේ පදුම කුමාරයා දැන් මහා බලසම්පන්න ඍෂිවරයෙක්. ආං... ඒ ඉර්ෂීන්නාන්සේ හිමාලයේ අසවල් තැන කුටියක වැඩඉන්නවා. මං එතැන කීප දොහක් ගත කළා."

"හ්... හැ... අපගේ පදුම කුමාරයා?... මහා බලසම්පන්න ඍෂිවරයෙක්? උඹ හොඳටම හැබැහින් දැක්කද?"

"එහෙමයි දේවයන් වහන්ස."

එතකොට රජතුමා බලසෙන් පිරිවරාගෙන හිමාලය බලා පිටත් වුණා. වනයේ කෙළවර කඳවුරු බැඳ, ඇමතිවරු පිරිවරා කුටිය බලා ගියා. කුටිය ඉදිරිපිට රන් පිළිමයක් සේ බබළමින් සිටින මහානුභාවසම්පන්න ඍෂිවරයා තමන්ගේ පුත්‍රයා බව හඳුනාගත්තා. රජතුමා ඍෂිවරයාට වන්දනා කළා. ඇමතිවරුත් වැන්දා. සිය සිතෙහි කිසි අමනාපයක් නැති මහාපදුම ඍෂිවරයා සියලු දෙනාට මිහිරි එලවැලින් සංග්‍රහ කළා. පිළිසඳර දෙඩුවා. "ප්‍රිය පුත්‍රය, මා විසින් තොපව පර්වත මුදුනේ සිට ගැඹුරු හෙළට වීසි කෙරෙව්වා නොවැ. පණකෙන්ද රැකුණු රහස කුමක්ද?" යි අසමින් මේ ගාථාව පැවසුවා.

09. පුත මට නම් මෙය මහා පුදුමයකි
ඉතා ගැඹුරු නරකය බඳු පාතාලය ඇති

වැටුණු අයෙක් ගොඩට යන්ට එහි කොහෙත්ම බැරි
බිහිසුණු ගිරිදුර්ගයකින් පහත හෙළූ තොප
නොමැරී ඉන්නට මෙසේ කොහොමද දිවි ලැබුණේ?

එතකොට බෝධිසත්වයෝ මේ ගාථාවෙන් පිළිතුරු දුන්නා.

10. මහ ඇතෙකුගෙ බල ඇති, වේගවත් ගමන් ඇති
බලවත් නාරජෙක් ඒ පාතාලයේ වසනවා
සිය කඳින් ඔහු මා පිළිගෙන ආදරයෙන් රැක්කා
එනිසයි අද මං මෙසේ නොමැරී ජීවත් වන්නේ

එතකොට බඹදත් රජ සිය පුත්‍රයා යළි බරණැස කැඳවාගෙන යන අදහසින් මෙය කිව්වා.

11. රාජපුත්‍රය තොප එව යන්ට දැන් බරණැස
පින්වත් දරුව තට රාජ්‍යය මම පවරමි
මේ වනයේ විසුම කවර සෙතක් ද තොපහට?

එතකොට බෝධිසත්වයෝ මේ ගාථාව පැවසුවා.

12. බිලී කොකුවක් ගිලි අයෙක් ලේ වැගිරෙමින් සිට
තමා ගිලි බිලිය ගලවා එය බැහැර කළ විලසට
දුකසේ ගෙවූ ගිහි දිවිය අත්හළ මෙමා හට
දැන් තිබෙන මිහිරි සුව කියන්නට වදන් නැත මට

ඒ ගාථාවේ අරුත් විමසමින් රජ මේ ගාථාවන් කිව්වා.

13. දරුව තොප ගිලින ලද බිලිය යනු කුමක්ද?
ලේ වැගිරෙමින් විඳි ඒ දුක කුමක්ද?
ගලවා බැහැර කළ දෙය නම් කුමක්ද?
මා අසන මෙය පහදා දෙනු මැන

මහා බෝධිසත්වයෝ දහම් දෙසමින් රජුට මේ ගාථාව පැවසුවා.

14. මනවඩන සිත්කළු රූප ශබ්ද ගන්ධ රස පහස
යන මේ පංච කාමයට බිලී කොකුව කියමි මම
ඇත් අස් ගව ආදිය ලේ ගැලීම ය කියමි මම
ඒ කෙරෙහි ඇති ඇල්ම යමෙක් දුරු කරයි නම්
ගිලි බිලිය ඔහු ය ගලවා බැහැර දැම්මේ
රජුනි ඒ අයුරින් මෙහි අරුත් දැනගත මැන

"මහරජ, මට දැන් රජකමකින් කිසිම ඵලක් නෑ. තොප දස රාජධර්මයෙන් වෙන් නොවී, සතර අගතියෙන් දුරු වී ධාර්මිකව රාජ්‍යය පාලනය කරන්ට." එතකොට රජතුමා හඬා දොඩා නගරයට යමින් සිටියදී ඇමතිවරුන්ගෙන් මෙය ඇසුවා. "ඇත්තට ම ඇමතිවරුනි, මෙතරම් ගුණවත් උතුම් පුත්‍රයෙක් මට නැති වුණේ මොන අහේතුවකට ද?"

"දේවයන් වහන්ස, අගමෙහෙසියගේ කූට කුමන්ත්‍රණයට තමුන්නාන්සේ හසුවුණා නොවැ. එසේ නැතිනම් රටවැසියන්ට මෙවන් උදාර සත්පුරුෂයෙක් අහිමි වේවි ද!" එතකොට රජතුමා මාලිගයට ගොස් දේවියට දඬුවම් පැමිණෙව්වා. රාජපුරුෂයන් ඇය චෝර ප්‍රපාතයට රැගෙන ගොස් හිස යටිකුරු කොට පහළට තල්ලු කළා.

මෙය වදාළ භාග්‍යවතුන් වහන්සේ "මහණෙනි, පෙර ආත්මයේ මට ආක්‍රෝශ පරිභව කොට මැය මහත් විනාශයකට පත්වුණා. එදා බඹදත් රජ ව සිටියේ දේවදත්ත. රජුගේ දෙවෙනි අගබිසව වී සිටියේ චිංචි මාණවිකා. මහාපදුම කුමරුට උවටැන් කළ නාරජ ව සිටියේ අපගේ

ආනන්දයෝ. පර්වතයෙන් වැටෙන කුමරු දෝතට ගෙන ළයෙහි තුරුළු කොට දිවපහස ලබාදුන් දෙවියා ව සිටියේ අපගේ සාරිපුත්තයෝ. එදා මහාපදුම රාජපුත්‍ර ව සිටියේ මා ය" කියා භාග්‍යවතුන් වහන්සේ මේ ජාතකය නිමවා වදාළ සේක.

10. මිත්තාමිත්ත ජාතකය
මිතුරු අමිතුරු බව පිළිබඳ කතාව

පින්වතුනේ, පින්වත් දරුවනේ,

මේ ලෝකයේ නරක සිරිතක් තියෙනවා. ඒ, හොඳ මිනිසුන්ව සතුරන් ලෙස හුවාදක්වමින් කේළම් කියා එකිනෙකා බිඳවීම යි. එතකොට තමාට ඇත්තටම හිතවත් කවුද, අහිතවත් කවුද කියා නිවැරදි ව තෝරා බේරා ගන්ට බොහෝ අයට බැරි වෙනවා. එවන් අවස්ථාවකදී සත්පුරුෂ උතුමෙකු මුණගැසුණොත් පමණක් සාධාරණ විනිශ්චයක් ලබාගන්ට පුළුවනි. මේ එවැනි කතාවක්.

ඒ දිනවල අප භාග්‍යවතුන් වහන්සේ වැඩවාසය කොට වදාළේ සැවැත් නුවර ජේතවනයේ. ඒ කාලයේ කොසොල් රජතුමාට ඉතාම හිතවත්, රජුගේ යහපත කැමති, රජුට බොහෝ උපකාරී වූ එක්තරා ඇමතියෙක් සිටියා. රජතුමා ඔහු ගැන පැහැදීම නිසා අතිරේක සම්මාන ආදියෙන් පුද කොට ප්‍රසාදයත් පළකළා.

එසේ ප්‍රසාදයට පත් ඇමතිවරයාගේ යස කීර්තිය ඉවසා ගන්ට බැරිව අනිත් ඇමතිවරු ඔහුට ඊර්ෂ්‍යා කළා. රජු කරා ගොස් ඒ ඇමතියාට විරුද්ධව අභූත චෝදනා ගොතා කීවා. රජතුමාට ඔහු හිතවත් නැත, ඔහුගෙන් රජවාසලට අනතුරක් වෙන්ට ඉඩ තියේ ය යනාදී බොහෝ

කේළාම් කියා රජතුමා තුළ ඔහු ගැන තිබූ විශ්වාසයට හානි කළා. බිඳවා දැම්මා.

කොසොල් රජතුමා ඒ කේළම විශ්වාස කොට ඇමතියා ගැන කල්පනාවෙන් සිටියා. නොයෙක් ක්‍රමයෙන් විමසා බැලුවා. එහෙත් වෙනත් ඇමතිවරුන් කියූ ආකාරයේ කිසි වරදක් ඔහු තුළ දකින්ට තිබුණේ නෑ. 'මීහ්... මේ ඇමතියා ගැන මට අසන්ට ලැබුණු කිසි දෝෂයක් තාම දැක ගන්ට නෑ නොවැ. එතකොට මේ අනිත් අය බොරු ද කියන්නේ? මෙයැයි මට හිතවතෙක් ය, සතුරෙක් ය කියා මං දැනගන්නේ කොහොමෙයි? භාග්‍යවතුන් වහන්සේ මහා ප්‍රඥාවන්තයි නොවැ. උන්නාන්සේ හැර මට මේ කාරණය විසඳා දෙන්ට සමත් අන් අයෙක් නැත' කියා සිතා එදා හීල බොජුන් වළඳා දෙව්රමට ගොස් භාග්‍යවතුන් වහන්සේ බැහැදැක වන්දනා කොට එකත්පස්ව හිඳ මෙය ඇසුවා.

"ස්වාමීනී භාග්‍යවතුන් වහන්ස, මට හිතවත් කෙනා කවුද, අහිතවත් කෙනා කවුදැයි මං දැනගන්නේ කොහොමද?"

"මහරජ, අතීතයේ සිටිය පඬිවරු තුළත් ඔය ප්‍රශ්නය ඇති වුණා. එතකොට ඔවුන් නුවණැත්තන් කරා ගොහින් එය විසඳා ගත්තා. නුවණැත්තන්ගේ වචනයට අනුව සතුරන් හඳුනාගත්තා. මිතුරනුත් හඳුනා ගත්තා. ඉන් පස්සේ සතුරන් බැහැර කොට මිතුරන් හා ඇසුර පැවැත්තුවා."

"අනේ භාග්‍යවතුන් වහන්ස, එසේ නම් මටත් මිතුරන්, අමිතුරන් හඳුනා ගන්නා ආකාරය පිළිබඳ එදා

පණ්ඩිතයින් පහදා දුන් විදිහ කියා දෙන සේක්වා!" ඒ අවස්ථාවේ භාග්‍යවතුන් වහන්සේ මේ අතීත කතාව ගෙනහැර දක්වා වදාළා.

ගොඩාක් ඈත අතීතයේ බරණැස බඹදත් නමින් රජකෙනෙක් රාජ්‍ය විචාරමින් සිටියා. ඒ කාලයේ මහබෝධිසත්වයෝ ඒ බඹදත් රජුගේ අර්ථධර්මානුශාසක පදවිය හොබවන අමාත්‍යයා වශයෙන් කටයුතු කළා. ඒ බරණැස් රජුට ඉතා ම හිතවත් ව බොහෝ උපකාරී ව සිටි ඇමතියෙකුට රජතුමා අතිරේක සම්මානයෙන් පුදා ප්‍රසාදය පළ කළා. අන් ඇමතිවරුන්ට එය රිස්සුවේ නෑ. ඔවුන් ඊර්ෂ්‍යා කළා. ඔහුට විරුද්ධව නොයෙක් ආකාරයේ බොරු කේළාම් කියා රජු හා ඔහු අතර තිබූ හිතවත්කම නැති කරන්ට මහන්සි ගත්තා. මුලදී විශ්වාස නොකළත් දිගින් දිගටම එක ම දේ කියන නිසා රජතුමා ටිකෙන් ටික එය අදහන්ට පටන් ගත්තා. නමුත් ඔවුන් කිවූ ආකාරයේ වරදක් ඔහු තුළ දකින්ට ලැබුණේ නෑ. 'හරි වැඩේ නොවැ. අසවල් ඇමතියා ගැන ගොඩාක් වැරදි කතා පැතිරෙනවා. එයැයි මිතුරු වෙසින් ඉන්න හතුරෙක් ය කියා කියනවා. මං කොහොමෙයි ඔහු හතුරෙක් ය, මිතුරෙක් ය කියා හරියට ම දැනගන්නේ? මෙය අහන්ට ඕනෑ අර්ථධර්මානුශාසක ඇමතියාගෙන්' යි සිතා බෝසතුන් අමතමින් මේ ගාථාව කිව්වා.

01. හොඳ නරක නිවැරදිව නුවණින් විමසා දැන
ඉතා හොඳ නුවණැතියෙක් අනුන් කරනා දේ
අසා හෝ දැක හෝ ඔවුන්ගේ කටයුතු තුළින්
කෙසේ දතයුතු ද මොහු මගේ සතුරෙකි කියා?

එවිට මහා බෝධිසත්වයෝ සතුරන්ගේ ස්වභාවය විස්තර කරමින් මේ ගාථාවන් පැවසුවා.

02. පින්වත් රජතුමනි එහෙනම් මෙය අසාගන්ට
මිතුරු වෙස්ගත් සතුරා සිය මිතුරාව දුටුවිට
අවංකව සිනහ නොවේ සතුටට ද පත් නොවේ
මිතුරා ඔහු දෙස ප්‍රිය නෙතින් බලනා විට
මිතුරු වෙස් ගත් සතුරා මුහුණ ඉවතට හරවයි
මිතුරාට සතුරු අය ඔහුගෙ පැසසුමට ලක්වේ

03. මිතුරාට සතුරු අය ඉතා සුහදව ඇසුරු කරයි
මිතුරාට හිතවත් අය සිය ඇසුරෙන් බැහැර කරයි
මිතුරාගෙ ගුණ කියද්දී වෙනත් දේ කියා වළක්වයි
මිතුරාට නින්දා කරන අය ඔහුගෙ පැසසුමට
ලක්වේ

04. මිතුරාට දැන්විය යුතු පුද්ගලික දේ දැනුම් නොදේ
මිතුරාගෙ පුද්ගලික කරුණු අන් අය අතර පතුරයි
මිතුරා විසින් කරන හොඳ දේ දැක දැකත් නිහඬ වේ
මිතුරාගෙ නුවණ ගැන කිසි ප්‍රශංසාවක් නොකරයි

05. මිතුරාට නොයෙකුත් අලාභ හානි වන විට
ඒ පිරිහීම දැක මිතුරු වෙස් ගත් සතුරා සතුටු වේ
කිත් යසසින් වැඩී දියුණු වන මිතුරා දැක
සතුට නම් කිසිදා ඔහු තුළ ඇති නොවේ
ප්‍රණීත බොජුනක් ලද විට මිතුරාව සිහිපත් නොවේ
තනිවම එය බුදියි මිතුරාට දැනගන්ට නොතබයි

06. මිතුරා කෙරෙහි ඔහු තුළ මුදු සිතක් ඇති නොවේ
අනේ මිතුරාහට මේ බොජුන් ඇත්නම් සොඳේ

යන සිතිවිල්ල කිසිදා ඔහු තුළ ඇති නොවේ
මෙවැනි ගති පිහිටා ඇත මිතුරු වෙස්ගත් සතුරාහට
නුවණැති සත්පුරුෂයා ඔහුව මැනවින් හඳුනයි

මෙසේ මිතුරු වෙස් ගත් සතුරාගේ ක්‍රියා කලාපයෙන් ඔහුව හඳුනාගත හැකි අයුරු පැවසූ බෝධිසත්වයෝ අවංක මිතුරෙකු හඳුනාගන්නා ආකාරයත් මේ ගාථාවලින් පහදා දුන්නා.

07. හොඳ නරක නිවැරදිව නුවණින් විමසා දැන
ඉතා හොඳ නුවණැතියෙක් අනුන් කරනා දේ
අසා හෝ දැක හෝ ඔවුන්ගේ කටයුතු තුළින්
මෙසේ දැනගනියි මොහු මගේ මිතුරෙකි කියා

08. පිටරටක ගොස් වසනා මිතුරා නිතර සිහිවේ
ඔහු යළි ගමට ආ විට පිළිගනියි සැබෑ සතුටින්
මියුරු තෙපුළෙන් සතුටු ව දොඩයි ඔහු හා පිළිසඳර
මිතුරාගෙ ඇසුර මිතුරෙකුට සැබෑ සතුටක් ගෙනදේ

09. සිය මිතුරාගෙ සතුරන් ඇසුරු නොකරයි සැබෑ මිතුරා
මිතුරාගෙ මිතුරන් පමණක් ඇසුරෙන් ඔහු සතුටු වේ
මිතුරාට දොස් කියන අය කරුණු කියමින් වළකයි
මිතුරාගෙ යහපත් ගුණයට පසසනා අය පසසයි

10. මිතුරාට දැන්විය යුතු පුද්ගලික කරුණු දන්වයි
මිතුරාගෙ පුද්ගලික දේ පිට අය සමග නොකියයි
මිතුරා විසින් කළ හොඳ දේ නිතර පසසයි
ඔහුගේ නුවණ ගැන ප්‍රශංසාවෙන් පවසයි

11. මිතුරාගෙ දියුණුව දැක තම දියුණුව ලෙස තුටුවේ
පිරිහී යාම දුටුවිට මහත් දුකකට පත්වේ

ප්‍රණීත බොජුන් ලද විට මිතුරාව සිහිපත් වේ
මගේ මිතුරාටත් මේ බොජුන් ඇත්නම් සොඳයි සිතේ

12. මෙවැනි ගති පිහිටා ඇත සැබෑ මිතුරා හට ලොව
ඔහුගේ මිතුරුදම ඉතා මැනවින් පිහිටා ඇත
නුවණැති පුරුෂයා මෙවන් ගුණ ඇති මිතුරන්
දැක හෝ අසා හෝ නිවැරදිව හඳුනා ගනියි

මෙය වදාළ භාග්‍යවතුන් වහන්සේ කොසොල් රජු අමතා "මහරජ, පෙර සිටි නුවණැති සත්පුරුෂයෝ ඔය අයුරින් කරුණු කාරණා නුවණින් විමසා 'මොහු සැබෑ මිතුරෙකි, මොහු මිතුරු වෙස්ගත් සතුරෙකි' වශයෙන් දැනගත හැකි බව පෙන්වා දී තිබෙනවා" යි වදාළ සේක. "එදා රජතුමා ව සිටියේ අපගේ ආනන්දයෝ. පණ්ඩිත අමාත්‍ය හැටියට සිටියේ මා ය" කියා භාග්‍යවතුන් වහන්සේ මේ ජාතකය නිමවා වදාළා.

පූජ්‍ය කිරිබත්ගොඩ ඤාණානන්ද ස්වාමීන් වහන්සේ විසින් රචිත සියලුම සදහම් ග්‍රන්ථ සහ
ධර්ම දේශනා ඇතුළත් සංයුක්ත තැටි ඇතුළුව
මහමෙව්නාවේ සියලු සදහම් ප්‍රකාශන

දැන් ඔබට අන්තර්ජාලය හරහා ඇණවුම් කොට නිවසට ම ගෙන්වා ගත හැකියි.
පිවිසෙන්න අපගේ වෙබ් අඩවියට...

www.mahamegha.store

සම්පත් විශ්ව, මාස්ටර් කාඩ්, විසා කාඩ් ඇතුළු ඕනෑම කාඩ්පත් ක්‍රමයකින් මුදල් ගෙවීම් සිදුකළ හැකියි.

ඊට අමතරව **Cash on Delivery** සේවාව හරහා ඇණවුම් කරන ලද සදහම් ප්‍රකාශන ඔබ වෙත ලැබුණු පසු මුදල් ගෙවීම ද සිදුකළ හැකියි.

මහාමේඝ ප්‍රකාශකයෝ
වඩුවාව, යටිගල්ඔළුව, පොල්ගහවෙල.
දුර : 037 2053300, 076 8255703, 070 511 7 511
විද්‍යුත් තැපැල් : info@mahamegha.store

www.ingramcontent.com/pod-product-compliance
Lightning Source LLC
LaVergne TN
LVHW011957070526
838202LV00054B/4953
* 9 7 8 6 2 4 5 5 2 4 1 2 9 *